2024 日本・世界・未来社会を語る

志位和夫

目次

JN022143

党の値打ち胸を張って語り、第29回党大会の歴史的成功を

2024年党旗びらき　志位委員長のあいさつ

日本共産党の志位和夫委員長が2024年1月4日の2024年党旗びらきで行ったあいさつは次のとおりです。

みなさん、おはようございます。インターネット中継をご覧の全国のみなさんに、2024年の年頭にあたって、心からの連帯のあいさつを送ります。

あいさつする志位和夫委員長＝2024年1月4日、党本部

能登半島地震災害――被災者支援に全力をあげよう

元日の午後4時すぎ、石川県能登半島を震度7の地震が襲いました。揺れは広範囲に及び、家屋の倒壊があいつぎ、大きな火災が発生し、

津波も広範囲にわたりました。死者は現時点で78人に及び、3万人を超える方々が避難を強いられています。

私は、まず、亡くなられた方々に対して心からの哀悼の意を表するとともに、被害にあわれた方々に心からのお見舞いを申し上げます。被災地の現場で奮闘している同志のみなさんに心からの連帯のあいさつを送るものです。

最優先にすべきは人命救助と被災者救援

日本共産党として、地震発生後ただちに「2024年能登半島地震災害対策本部」を設置し、2日には、石川県、富山県、新潟県の代表者にもオンラインで参加していただいて対策本部会議を開き、当面する活動について確認しました。

まず何よりも急がれるのは、人命救助と被災者救援であります。懸命の救出活動が行われていますが一刻を争って人命救助を行うこと、避難者や被災住民に対して温かい食べ物・水・トイレ・必要なケアが行き届くようにして、二次被害を出さないこと、医療機関と介護施設に対して水の確保をはじめ命を守るための緊急対策を行うこと、水道や電気などライフラインの復旧に全力をあげることを、政府に対して強く求めるものです。

被災者の切実なニーズにこたえた活動、救援募金のとりくみを

党としてのとりくみとしては、対策本部会議で以下の点を確認し、行動を開始していま

す。

まず、被災された方々の切実なニーズをつかみ、ニーズにこたえた活動にとりくむことであります。すでに現地の党組織のみなさんは、自ら被災しながら、被災者の命を守る活動、党員と支持者の安否確認と救援の活動を開始しています。2日の対策本部会議では、石川県の秋元（邦宏）県委員長から、「志《し》賀《か》町《まち》の中谷松助町議は、区長でもあり、まわりの家が高齢者も多いなか、区の集会所に声をかけて誘導している。輪島市の鐙《あぶみ》史朗市議は、地震による倒壊被害が多い地域で、大津波警報を受けて倒壊した家屋の近所の人々を避難所に誘導し、ご本人はご両親と一緒に車のなかで避難した」などの報告も寄せられました。党として、民主団体のみなさんとも協力し、不安と寒さのなかで避難されている方々に、「お困りごとはありませんか」と尋ね、解決できることはその場で解決するとともに、行政の支援につなげていく活動に全力をあげてとりくむようにしたいと思います。

昨日、能登の現地に、井上哲士参議院議員、藤野保史前衆議院議員が佐藤正幸県議とともに入り、現地党組織のみなさんと力をあわせて、被災者の

あいさつする志位和夫委員長
＝2024年１月４日、党本部

ニーズにこたえた活動を開始しています。輪島市の坂口茂市長にお会いして実情をうかがったところ、避難者が1万人以上いるにもかかわらず、2000食分しか食事が届いていないという訴えがあり、改善を政府・自民党にただちに求めるというとりくみを行ったことを報告しておきたいと思います。

いま一つは、救援募金にとりくむことであります。被災地の人的、物的、経済的被害がたいへんに大きなものがあるもとで、日本共産党中央委員会として救援募金への協力を広く訴えます。すでに救援募金活動が、全国各地で開始されており、党本部には、すでに150万円の募金が寄せられております。本日の「党旗びらき」の後には、全国いっせいに救援募金にとりくむようにしたいと思います。党本部としてもこの後、新宿駅東南口で救援募金を行います。お預かりした救援募金は、日本共産党の政治活動のための資金と区別し、全額を被災者救援、被災自治体への義援金として責任をもってお届けいたします。救援募金活動への全国のみなさんのご協力を心から訴えるものであります。（拍手）

政府への緊急要求――住宅再建、産業支援、原発の問題について

そのうえで、次の3点を政府に対して強く求めていきたいと思います。

第一は、家屋の倒壊が激しいことを踏まえ、住まいの確保に全力をあげることであります。この点で、住宅再建支援法の拡充は文字通りの急務です。外見が無事なように見えても、内部の破損がひどく、住めなくなっている住宅も多数あります。支援対象を、全壊や大

規模半壊だけでなく、半壊や「一部損壊」に広げるとともに、支援額を抜本的に引き上げることを強く求めます。また当面、ホテルや旅館、公営住宅などを「みなし仮設」として確保することを求めます。

第二は、地域の産業に対する復興支援であります。輪島塗などの伝統産業の老舗が延焼し、大被害を受けています。観光産業への打撃も甚大です。融資ではなく、営業に対する直接支援を思い切って行い、地域の産業を守りぬくことが必要であります。インボイスの免除はもちろん、思い切った税と社会保険料の免除を行い、事業者が「続けていける」と希望がもてる施策をとることを強く求めるものです。

第三は、原発の問題であります。能登半島に立地する志賀原発では、外部電源が一部使えない、配管が壊れて絶縁や冷却のための油が漏れ出す、使用済み核燃料プールの水が一部床面にあふれ出るなどの深刻なトラブルが起こりました。原発で起こったトラブルの詳細を明らかにすることを求めます。能登地方では２０２０年12月から地震活動が活発化しており、昨年（２０２３年）５月には最大震度６強の地震が発生しています。わが党はすべての原発を廃炉にすることを求めますが、とりわけ志賀原発、柏崎刈羽原発を廃炉にすることを強く求めるものであります。

その時々の国民の苦難軽減のために奮闘することは、今年で創立１０２年を迎える日本共産党の歴史を貫く立党の精神です。全国のみなさん。この精神を発揮し、草の根の力をフルに発揮して、被災地と被災者支援に全力をあげようではありませんか。（拍手）

歴史的党大会の成功へ――「党勢拡大・世代的継承の大運動」の飛躍を

歴史的な第29回党大会が目前に迫りました。「党勢拡大・世代的継承の大運動」についてのべたいと思います。

昨年12月の「大運動」の成果と、大会決議案の全党討論について

昨年12月は、全党の大奮闘で、695人の新しい党員を迎え、「大運動」の6カ月通算で新入党員は3955人となりました。私は、日本共産党の一員として、新しい人生の一歩を踏み出した全国の同志のみなさんに、心からの祝福と歓迎のメッセージを送ります。（拍手）

昨年12月の「しんぶん赤旗」の読者の拡大は、日刊紙893人の前進、日曜版2231人の前進、電子版85人の前進となりました。全国のみなさんの大奮闘のたまものであり、「しんぶん赤旗」を支え、広げていただいている全国の読者、後援会員、党員のみなさんに、心からの感謝を申し上げるものです。

いま、党大会に向けて、党大会決議案を練り上げる全党討論が行われています。これまでに、全国の支部で支部総会が行われ、全国311のすべての地区で党会議が開かれました。今月8日までには、すべての都道府県党会議が開催され、党大会代議員の選出が行われる予

定となっています。いずれの会議も、熱心かつ率直な討論で党大会決議案を練り上げるとともに、国民の苦難軽減に献身し、社会進歩をめざして活動し、「大運動」成功に向けて奮闘する草の根の支部と党員の発言で、熱気あふれる会議として成功しています。大きな感動を広げている党大会決議案をすべての党員に届け、読了し、討論で練り上げる活動に最後まで力をつくすことを訴えるものであります。

「大運動」の期日は1月末までです。党づくりの根幹である党員拡大の飛躍をはじめ、党勢拡大の飛躍的なうねりをつくりだして歴史的党大会を迎えようではありませんか。党大会期間中も特別の体制をとってとりくみをさらに発展させ、「大運動」の目標総達成に向けて最後まで頑張りぬく決意を、年頭にあたって固めあおうではありませんか。（拍手）

「崩壊寸前」から「130％の党」へ――「手紙」と「返事」から支部の変化が

大会決議案は、この間の全党の奮闘によって、「双方向・循環型の活動の新たな開拓」「世代的継承のとりくみの意識化」という二つの点で、「前進をつくりだす足がかり」をつくっていることをみんなの確信にして、党大会に向け奮闘することを呼びかけました。

私は、年頭にあたって、この二つの点での前向きの変化に着目し、全党の流れとして豊かに発展させる年にしていくことを訴えたいと思います。

「双方向・循環型の活動の新たな開拓」という点で、昨年1年間の全党のとりくみは、今後に生きる豊かな展望を開くものとなりました。昨年1月に開催した第7回中央委員会総会で全国の支部・グループに「手紙」を送り、「手紙」への「返事」が寄せられ、6月に開催した第8回中央委員会総会で「返事」から導きだした法則的活動の教訓をまとめ、一連の会議や講座で全国の経験を学びあい、10月に開催した第9回中央委員会総会で「第二の手紙」を支部・グループに送る――昨年1年間は、中央委員会と支部、党機関と支部とが双方向で学びあい、党づくりの探求・開拓をすすめた1年間でした。

この運動は、まだ全国的な党勢の飛躍的前進をつくりだすにはいたっていませんが、1年前には想像もできなかった躍動的な発展をとげた支部が、全国各地で生まれていることは、大きな希望であります。

その一つとしてきょう紹介したいのが、**広島市安佐北区の亀山支部**です。亀山支部は、7中総の「手紙」に対して2月に寄せた「返事」で、「崩壊寸前」との率直な思いをつづった支部でした。数年前から月1回の支部会議も困難となり、党勢拡大もなかなか進まず、配達・集金を支えていた党員が病に倒れ、困難が拡大しました。「手紙」の討議では、「支部の状況を中央は少しも分かっていない」との発言も出されました。しかし「手紙」は支部にとっての転機となりました。支部長さんは、「手紙」の切実な訴えが「みんなの心に響いた」といいます。「異論を許さない党」といった党に対する事実にもとづかない非難――不当な攻撃に対して、党がきっぱりと反論したことも「私たちの心を大きく揺り動かしてくれた」といいます。

こうして「手紙」への「返事」を書き、新たな出発を開始した亀山支部は、統一地方選挙の広島市安佐北区で、前回4票差で悔しい結果となった清水ていこ市議候補の勝利へと奮闘、初当選をかちとります。この結果にも励まされて、月1回の支部会議を月2回に増やし、「しんぶん赤旗」見本紙を届け、清水市議と訪問する毎月の統一行動を開始し、「大運動」でもコツコツと「しんぶん赤旗」読者を増やしていきました。

さらに支部の心を動かしたのは、9中総の「第二の手紙」でした。「党の現状は、いま抜本的な前進に転じなければ未来がなくなる危機に直面しているとともに、前進に転じる大きな可能性がある」――。この「第二の手紙」の訴えに、「確かにそうだ。いま党を大きくしなければ支部もなくなる。でも『前進に転じる大きな可能性がある』、ここに震えた」と支部長さんはいいます。「先人たちが命がけで主権在民、反戦平和を訴えたことを守り通そう」と決意を固め、支部会議を週1回にすること、読者・支持者に気軽に入党をすすめることを決めました。そしてみんなの力を結集し、10月、11月、12月と3カ月連続で党員4人を迎えて、党員と日刊紙読者で前回大会時を回復、日曜版読者では130％を達成しました。「崩壊寸前」だった支部が、1年間でいま生まれ変わろうとしています。

こうした経験は、全国各地で生まれています。1年間にわたる「手紙」と「返事」のとりくみは、双方向・循環型で、互いに学びあい、自発的な知恵と力を結集するならば、困難はあっても、必ず現状を変えることはできることを示しているのではないでしょうか。全国のみなさん。この流れを全支部・全党員の流れに発展させ、「大運動」の飛躍的うねりのなかで党大会を大成功させようではありませんか。（拍手）

高校1年生が見た日本共産党――インターンシップを通じて民青同盟に加盟

「世代的継承のとりくみの意識化」という点でも、希望ある変化が生まれています。11月に開催された民青同盟第47回全国大会は、年間拡大目標を2年連続で突破し、1年間で2778人の新しい仲間を迎えて歴史的成功をおさめました。私も参加して、新しい仲間を迎える喜びで沸きに沸いた大会となり、さらなる前進への固い決意が語られた大会になっていることを感じ、本当に心強く思いました。学生党員の現勢調査で、3年連続で前進したことも重要であります。これらの変化は、決して偶然のものではありません。それは若い世代のなかで党と民青をつくる歴史的チャンスが生まれていることを示すものにほかなりません。

関東のある地区委員会での経験を紹介したいと思います。この地域のある高校1年生が、学校の授業の一環として、党の地区委員会で3日間、インターンシップ（職業体験）を行い、11月に学校で「報告会」を行いました。インターンシップに共産党を選んだのは、「共産主義に興味があり、日本の共産党がどんな活動をしているのか体験したかったから」だといいます。インターンシップの初日に地区常任委員が、「日本共産党はどんな政党か」と講義したところ、20を超える質問を準備してきました。その後、県議会議員と労働組合との懇談に同席し、夕方には「地区ニュース」の印刷とポストおろしを体験。地域支部の支部会議も見学し、「支部活動で楽しいことはなんですか?」「なぜ共産党に入ったのですか?」「今後の党はどうなってほしいですか?」など質問が出され、支部のみなさんがそれぞれ答えました。食料支援活動や宣伝活動にも参加しました。

この高校生が、後日、こういう感想文を寄せてくれました。紹介します。

「とても楽しく、貴重で、知的興奮に震えるインターンシップでした」「3日間のインターンシップで、私はたくさんのことを見て、知ることができました。共産主義には高度な生産力と民主主義が重要であること、共産党はトップダウンの政党ではなかったこと、党員たちは高齢になっても勉強を続けていること、議員は市民の声を聞いてそれを市政・県政に反映していること」「さらに『何でも答える』という言葉通り、私がする質問になんでも答えてくれたのには、とてもうれしく思いました。気になることがどんどん解決していくこの爽快感はとても心地よく、インターンシップ先に日本共産党を選んで良かったと、心から感じました」

こういう感想が寄せられてきました。

11月、学校で「校内報告会」があり、そこでこの高校生は7分間のプレゼンテーションを行いました。「共産主義社会実現へ　共産主義者がすべきことは?」というテーマの発表で、「共産主義社会は高度な生産力と徹底した民主主義が必要」と報告し、議員の調査活動、食料支援、宣伝などの体験を説明し、「何でも反対の党」に対置させ、「市民や学生の苦しみに寄り添う草の根の政党だった」と報告しました。最後には「私たちに何ができる?」と問いかけ、「民主青年同盟などの学生団体に加入」「署名・デモ・学生運動に参加」「身近な民主主義（学校なら生徒会）を大切に」とまとめたといいます。

こういう経過をへて、12月10日に地区の事務所で、「若者タウンミーティング」の視聴会に参加して、「自分の関心がある問題が出てきてとても興味がわいた」として民青同盟に加盟したとのことであります。（拍手）

これは、若い世代が、曇りのない澄んだ目で党の姿を見たとき、党の綱領、歴史、活動の全体が、若い世代をひきつける魅力を持っていることを示す、すてきな一例ではないでしょうか。とくにこの若者が「共産主義」への関心・魅力を語っていることが大切なところだと思います。大会決議案は、「人間の自由」とのかかわりで、党綱領の社会主義・共産主義論を発展させましたが、私は、こうした新しい解明が若い世代に共感を広げることは間違いないと確信するものであります。

全国のみなさん。今年を、若い世代への私たちの事業の継承という点でも、大きな前進を刻む年にしていこうではありませんか。党大会に向けた「大運動」の目標をやりぬき、「数万の民青」「1万の青年・学生党員」実現の「5カ年計画」の本格的な実践を開始する年にしていこうではありませんか。（拍手）

激動の情勢のなかでの日本共産党の値打ち——つよく大きな党をつくる大きな条件

最後に、お話ししたいのは、世界と日本の動きに大きく目を向けるならば、いまつよく大きな党をつくる大きな条件が広がっているということであります。激動の情勢のなかで日本共産党の値打ちが輝いていることを、三つの事例で訴えたいと思います。

「外交ビジョン」――ASEANの努力と深く響きあい、豊かにされた

第一は、一昨年（2022年）の「党旗びらき」で提唱した東アジアに平和をつくる「外交ビジョン」の生命力についてであります。

昨年末、日本共産党代表団が、東南アジア3カ国――インドネシア、ラオス、ベトナムを訪問しました。東アジアの平和構築、とくに東南アジア諸国連合（ASEAN）が提唱しているASEANインド太平洋構想（AOIP）の成功というテーマに焦点をあてて、私たちの「外交ビジョン」をさらに豊かなものにしたい、可能な協力を探求してきたい――これが訪問の目的でしたが、毎日が新しい発見と感動の連続であり、一日一日、さまざまな方々と会談するたびに新しい視野が広がった訪問になりました。ASEANの国ぐにが、域内で年間1500回もの会合を開くなど、良い〝対話の習慣〟を育み、それを東アジア全体に広げようとしている生きた姿をつかむことができました。

訪問の一部始終を、1日付の「しんぶん赤旗」に「新春緊急報告」という形でお伝えしました（本書収録）。私たちの発見と感動を読者のみなさんにも「追体験」していただこうと、時系列で、私たちの認識の発展も含めて率直にお話ししたもので、訪問の詳細は「緊急報告」をどうかお読みいただければと思います。

きょう強調したいのは、私たちが訴えてきた「外交ビジョン」――ＡＳＥＡＮと協力して、ＡＯＩＰを共通の目標にすえ、東アジアサミット（ＥＡＳ）を活用・発展させて、東アジアを戦争の心配のない平和な地域にしていくという方向が、東南アジアで平和の地域協力の発展のために努力している人々から歓迎をもって受け止められたということであります。

私たちは、今回の訪問の対話用にと「日本共産党とＡＳＥＡＮの平和のとりくみ」と題するごく簡潔なこういう資料をつくりまして、私たちのとりくみを紹介しました。インドネシアのＡＳＥＡＮ本部で行った意見交換では、党の「外交ビジョン」について、地域の平和と安定を促進するＡＳＥＡＮと同じ線に沿っているもので高く評価するという反応が返ってきました。ラオスとベトナムで、それぞれの政権党の党首との会談で、協力してＡＯＩＰを成功させていこうということが確認されたことは重要であります。日本共産党が提唱した「日中両国関係の前向きの打開のための提言」に対しても、共通して高い注目や評価が寄せられたことを、報告しておきたいと思います。

同時に、今回の訪問をつうじて、党の「外交ビジョン」そのものも、ＡＯＩＰを成功させること自体とともに、北東アジアが抱える諸懸案を積極的に解決していくという「二重の努力」にとりくむという形で発展させる重要性を認識することができました。

全国のみなさん。私たちが主張してきた「外交ビジョン」が、ＡＳＥＡＮの行っている努力に深く響きあい、さらに豊かにされた――そのことに大いに確信をもって、この希望ある平和の対案を、大いに語り広げようではありませんか。（拍手）

「経済再生プラン」――自民党の政策破綻との対比で、いよいよ力を発揮

第二は、昨年9月に発表した「日本共産党の経済再生プラン」が、「失われた30年」をもたらした自民党政治に抜本的に切り込む政策提言として、いよいよ大きな力を発揮しているということであります。

このことは、岸田政権の「税」をめぐる迷走と矛盾との対比でも鮮やかです。自民党が昨年12月に決定した「自民党税制改革大綱」では、法人税引き下げ政策の失敗を自ら告白する次のような内容がのべられています。

――日本の法人税率は、「これまで約40年間にわたって段階的に引き下げられ、現在の法人税率は最高時より20％ポイント程度低い23・2％となっている」こと、

――これにより「企業経営者がマインドを変え、内部留保を活用して投資拡大や賃上げにとりくむことが期待された」こと、

――しかしながらそれは実現せず、「賃金や国内投資は低迷」し、「企業の内部留保は555兆円と名目GDPに匹敵する水準にまで増加」したこと、

――「こうした状況に鑑みれば、……近年の累次の法人税改革は意図した成果を上げてこなかったと言わざるを得ない」こと、などであります。

こうした分析にたつならば、長年続けてきた「法人税減税＝消費税増税」という方針を根本的にあらためることこそ、当然の道理ではないでしょうか。ところが消費税減税に対して

は問答無用で拒否し、来年度政府予算案でやろうとしていることは、あいも変わらぬ大企業や富裕層への減税のバラマキです。これを政策破綻と言わずして何というのか。「税」の面でも、この政権に日本の政治のかじ取りをする資格はないと言わなければなりません。

「日本共産党の経済再生プラン」は、「暮らしを守り、格差を是正する」という税・財政の本来の姿を取り戻す立場にたった抜本的改革を提案しています。富裕層と大企業に応分の負担を求め、消費税を減税することこそ、「暮らしを守り、格差を是正する」うえで最も道理ある政策であることを、新しい年にも、大いに語り広げようではありませんか。（拍手）

裏金疑惑を最初にスクープした「しんぶん赤旗」と党の値打ちを大いに広げよう

第三は、自民党の底知れない裏金疑惑を最初にスクープした「しんぶん赤旗」に対して、大きな注目と評価が寄せられていることであります。

昨年12月、東京地検特捜部は、安倍派と二階派の事務所を捜索するなど強制捜査を開始しました。政治資金パーティーをめぐる金権腐敗問題が、政権中枢を直撃する大問題に発展しています。裏金システムは、安倍派や二階派だけでなく、岸田派、麻生派も含めて、自民党全体が組織ぐるみで行ってきたものであり、その全容を徹底的に究明するために引き続き全力をあげる決意を、年頭にあたって表明したいと思います。（拍手）

この疑惑追及を最初に行ったのは、２０２２年11月6日の「しんぶん赤旗」日曜版のスクープだったことが、インターネットテレビから、テレビ、新聞までいま大注目であります。東京新聞の昨年12月31日付に掲載された田中優子・法政大学名誉教授・前総長のコラム「時代を読む」を紹介したいと思います。

「年末になって次々と明らかになってきた自民党派閥パーティー券を巡る裏金も、酷《ひど》い問題だ。……誰も気づかなかったが、1年以上前、昨年11月6日の『しんぶん赤旗』がスクープした。このとき、他の報道機関はほとんど取り上げなかった。しかしその調査結果を見た神戸学院大学の上脇博之教授は『これはすごい』と仰天した、と『Ａｒｃ Ｔｉｍｅｓ』で語っている。大変な手間のかかる調査をやり遂げたことに驚いたのだ。そしてその調査をもとに、上脇教授は政治資金規正法違反（不記載）容疑で東京地検に刑事告発した。それをもとに特捜部が動いたことで、他のメディアはようやく報道を始めたのである。酷いニュースが多い中で、ジャーナリストの調査と市民の告発の連携が政治家の不正を追い詰めたことには、希望が持てる。私たち市民は一層、ジャーナリストと深く連携していかねばならない。そう思うと、ようやく年を越せる気がしてくる」

まさに国民に、政治を変えることはできるという「希望を運ぶ」新聞が、「しんぶん赤旗」であります。

そして、「しんぶん赤旗」がそうした働きができるのは、この新聞が、結党以来１０２年間にわたって、企業・団体献金と一切無縁な党――日本共産党の機関紙であるからだということを私は強調したいと思います。全国のみなさん。このかけがえない国民的なメディアの値打ちを胸を張って語り、国民のなかに大いに広げる年にしていこうではありませんか。頑

張りましょう。（拍手）

党の値打ちを胸を張って語り、「大運動」をみんなの力でやり抜こう

「外交ビジョン」でも、「経済再生プラン」でも、金権腐敗追及でも、日本共産党の値打ちが光る情勢が広がっています。党の値打ちを胸を張って語り、「党勢拡大・世代的継承の大運動」をみんなの力でやり抜き、第29回党大会を歴史的成功に導き、来たるべき総選挙で必ず躍進をかちとることを誓いあって、年頭にあたってのあいさつといたします。ともに頑張りましょう。（拍手）

（「しんぶん赤旗」２０２４年1月5日付）

東アジアの平和構築へ

東南アジア3カ国、発見と感動の9日間

志位委員長が新春緊急報告

どうやって東アジアを戦争の心配のない平和な地域にするのか——２０２３年末、インドネシア、ラオス、ベトナムの東南アジア３カ国を訪問し、東アジアの平和構築にむけ精力的な外交活動を展開した日本共産党代表団（団長・志位和夫委員長）。どんな交流、探求が行われ、どんな手ごたえ、収穫があったのか——志位委員長がその一部始終を緊急報告します。

（聞き手・構成＝赤旗編集局）

訪問の目的と全体の特徴は

明けましておめでとうございます。

志位　明けましておめでとうございます。今年もよろしくお願いいたします。

まず、今回の訪問の目的、訪問をふりかえっての感想をお聞かせください。

志位　東南アジア3カ国を12月19日から27日までの日程で訪問しました。東南アジア諸国連合（ASEAN）は、粘り強い対話の努力を続け、この地域を平和の共同体に変え、その流れを域外に広げて東アジアサミット（EAS）という枠組みを発展させ、さらに2019年の首脳会議ではASEANインド太平洋構想（AOIP）を採択し、東アジア全体を戦争の心配のない平和な地域にするための動きを発展させています。こういう状況のもとで、ASEANの国ぐにの努力を生きた形でつかんで、東アジアに平和をつくる日本共産党の「外交ビジョン」をさらに豊かなものにしたい、日本のたたかいにも役立つような知見を得てきたい、さらに可能な協力を探求してきたい、これらを目的にして訪問してきました。

移動も含めて9日間の長旅になりましたが、ふりかえってみますと、毎日がわくわくす

東南アジア訪問について語る
志位和夫委員長

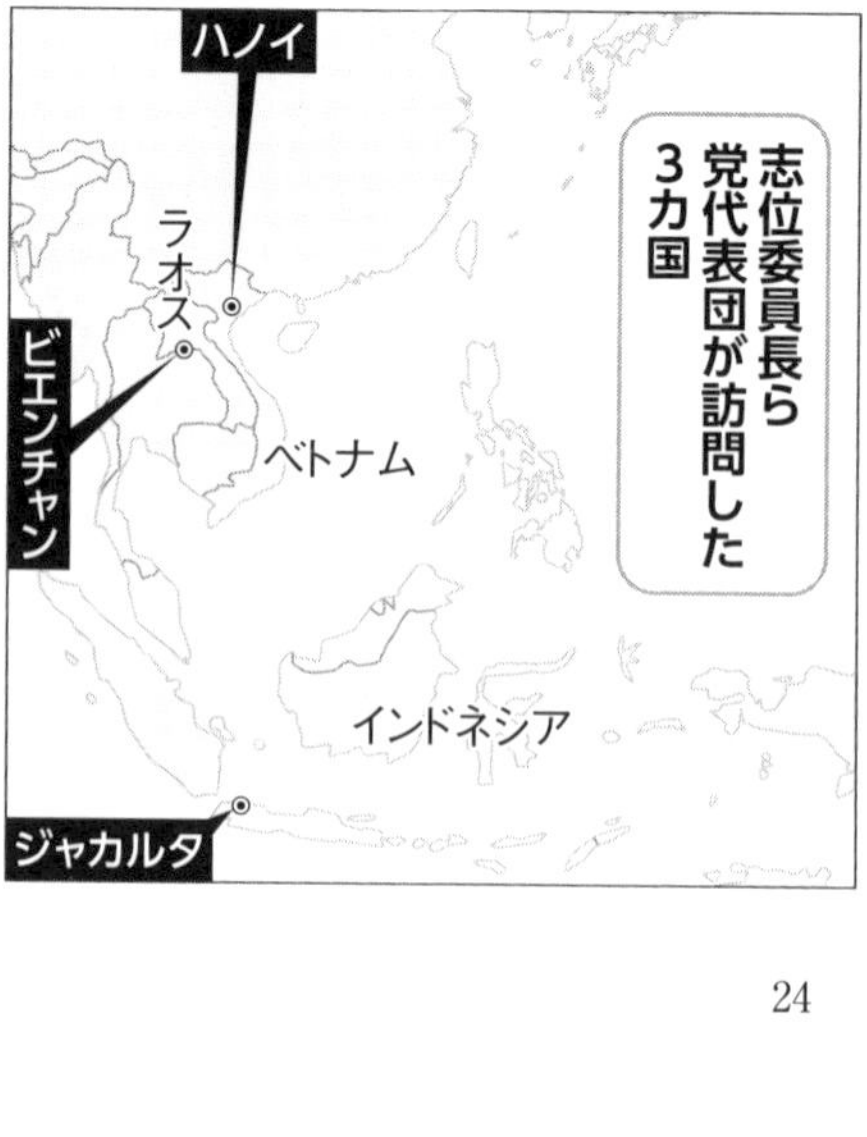

る、発見と感動の連続でした。一日一日、さまざまな方がたと会談するたびに新しい視野が広がってくるという訪問になりました。

私たちは、これまで野党外交をさまざまな形でやってきましたけれども、一つのテーマを前進させることを目的にして、いくつかの国を訪問するというのは、あまりないのです。今回は東アジアの平和構築、とりわけＡＯＩＰの成功というテーマに焦点をあてて三つの国を訪問し、私たちの知見も認識も新たにし、豊かになったと言えると思います。また、わが党の「外交ビジョン」そのものも、ＡＯＩＰを成功させること自体とともに、北東アジア

インドネシアに向けて羽田空港を出発する志位和夫委員長（中央）、田村智子副委員長（左から２人目）、緒方靖夫副委員長（右から２人目）ら日本共産党代表団＝2023年12月19日

代表団の構成
志位和夫委員長・衆院議員（団長）／田村智子副委員長・参院議員（副団長）／緒方靖夫副委員長・国際委員会責任者／小林俊哉国際委員会事務局次長／井上歩国際委員会局員

が抱える諸懸案を積極的に解決していくという「二重の努力」に取り組むという形で発展させることができた。こうして、今回の訪問は、わが党の野党外交の歴史の上でも特別の意義をもつ訪問となりました。

インドネシア――〝対話の習慣〟を東アジアに

ASEANの発展を牽引してきた国

最初の訪問国として、インドネシアを選んだのは、どうしてですか。

志位　インドネシアの人口は2億8000万人。ASEANの総人口が6億7000万人ですから、ASEANの中で最も大きな国です。ジャカルタにASEANの本部があります。

インドネシアはASEANの創立（1967年）のメンバーであるとともに、近年でいえば、2011年にインドネシアのバリで東アジアサミット（EAS）が開かれ、「バリ原則」を採択し、武力行使を禁止し、紛争の平和解決をはかるなど平和のルールを政治宣言という形で打ち出しましたが、これを中心になって進めたのがインドネシアでした。

その後、13年にインドネシアのマルティ外相が「インド太平洋友好協力条約」を提唱、18年には、インドネシアのルトノ外相がAOIPを提唱し、19年のASEAN首脳会議で

ＡＯＩＰが採択されました。

　このように、ＡＳＥＡＮの発展という点でも、それを域外に広げていくＥＡＳやＡＯＩＰという枠組みを発展させるという点でも、インドネシアは一貫して、ＡＳＥＡＮの平和の地域協力を牽引《けんいん》してきた国です。ですから、いまＡＳＥＡＮで起こっていることの本当の姿を知ろうと思えば、どうしてもインドネシアに行って、その中枢で頑張っている方がたに話を聞くことが必要だと考えました。

　私自身は、インドネシアを10年前（２０１３年）に訪問しています。このときの訪問が一つのきっかけになって、日本共産党の「北東アジア平和協力構想」（14年）の提唱、東アジアに平和をつくる「外交ビジョン」（22年）の提唱につながりました。また２０２０年の第28回党大会で行った綱領一部改定のさいに、ＡＳＥＡＮの取り組みを「世界の平和秩序への貢献」として注目して位置づけました。一方、ＡＳＥＡＮの側も、ＡＯＩＰの採択という新しい道に大きく踏み出し、それを発展させる途上にあります。こうして10年前と比べて、私たちの認識にもずいぶん発展があったし、ＡＳＥＡＮの側も大きく発展しているわけですから、新しい目でＡＳＥＡＮの発展をつぶさにつかんでみたいという思いがありました。

年１５００回もの〝対話の習慣〟を東アジアに

　まずアダム・トゥギオ外務大臣特別補佐官との会談をされました。

志位　はい。１時間あまりでしたが、たいへん重要な会合になりました。

私からは、まず今回の訪問の目的を話し、そして、ＡＯＩＰについて日本共産党としてこう理解しているということを話し、インドネシア政府としてＡＯＩＰをどう位置づけているかを聞くというところからスタートしました。

私の方からは、私たちの理解ではと前置きして、ＡＯＩＰは、

――対抗でなく対話と協力の潮流を強める。

――どの国も排除せず、包摂的な枠組みを追求する。

――大国の関与を歓迎し、積極面を広げるが、どちらの側にもつかない。

――ＡＳＥＡＮの中心性――自主独立と団結を貫く。

――新しい枠組みをつくるのではなく、既存の枠組み――東アジアサミット（ＥＡＳ）を活用、強化していく。

――東南アジア友好協力条約＝ＴＡＣを平和の規範として重視し、ゆくゆくは東アジア規模に広げていく。

おおよそこういう要素からなっていると理解していますが、どうですかと、先方にＡＯＩＰの意義について聞きました。とくに、ＡＳＥＡＮが、ＥＡＳ、ＡＯＩＰのような平和の枠組みを東南アジア域外に広げていこうとしている思いはどこにあるのかと聞きました。

アダムさんからは、ＡＳＥＡＮにとって何よりも大切なのは平和と安定だ、そして平和と安定は域外の国ぐにとの連携が必要になる、この地域には多くの紛争の危険や火種があるけれども、「なぜＡＳＥＡＮが多くの対話プロセスを持っているかというと、私たちは〝対話

の習慣〟をつくりたいからです」との答えが返ってきました。

ここで〝対話の習慣〟という言葉が出てきたんです。ハビット・オブ・ダイアログという言葉だったのですが、非常に印象深かった。アダムさんは、ＡＳＥＡＮが東南アジアを超えてＥＡＳなどで域外の国ぐにとの連携を包摂的に進めているのは、「紛争の危険、火種があるもとで、〝対話の習慣〟を推進したいからです。対話により誤解や誤算を回避できます」とのべました。そしてそれはＡＳＥＡＮだけではなく、周辺諸国にとっても意義があるということを言われました。

インドネシアのアダム・トゥギオ外相特別補佐官（右）と会談する志位和夫委員長＝2023年12月20日、ジャカルタのインドネシア外務省

〝対話の習慣〟という言葉がたいへん印象深かったので、私が10年前に訪問したとき、ＡＳＥＡＮ域内で年１０００回以上の対話をやっていると聞いて驚いたと話しましたら、「今では１５００回以上です」とのこと。10年間で１・５倍になったということでさらに驚きました。

アダムさんの話を要約すると、〝対話の習慣〟を東アジア全体に広げるのがＡＯＩＰだということが言えるかもしれません。ＡＳＥＡＮでやっている年１５００回もの〝対話の習慣〟を東アジア全体に広げる、これがＡＯＩＰだというふうに言いますと、とても分かりやすいのではないでしょうか。街頭演説でも、これだったら話せるんじゃないでしょうか。

志位　はい。いいキーワードを聞いたなと思いました。

これはとても分かりやすいですね。

政府と政党を含む市民社会が協力して

志位　アダムさんとの対話で、私がもう一つ提起したのは、ＡＯＩＰを成功させるためには、政府と政府の間の話し合いが大事なことは当然ですが、それだけではなく政党を含む市民社会が協力することが重要ではないかと問いかけてみたんです。

アダムさんは、市民社会も〝対話の習慣〟のプロセスに貢献することは可能だとの考えを示しました。政府間の話し合いだけでなく、政党も含めた市民社会が加わることで、対話がより深いものになるという認識が共有されたこともとても印象的でした。

私がこのことを話したのは、核兵器禁止条約の経験からです。核兵器禁止条約は、政府間の交渉によってつくられたものですが、市民社会の協力がなければできなかったと思います。日本の被爆者をはじめとする世界のＮＧＯ、政党も一体になって取り組んで条約をつくりました。ＡＯＩＰのような平和の枠組みをつくるうえでも、政府間の話し合いだけでなく、政党も含む市民社会が一緒になって進めることが重要ではないかと考え、そういう提起をしました。先方からは肯定的な答えが返ってきました。

ガザ危機、核兵器禁止条約での意見交換

志位　アダムさんとの対話のなかでは、世界の緊急課題である二つの問題についても提起しました。

一つはパレスチナ・ガザ地区の問題です。死者が2万人を超え、イスラエルの大規模攻撃は明らかに国際法違反であり、インドネシア政府も主導した国連総会決議は１５３カ国が賛成しており、この決議が求めているように即時の停戦が必要だ、イスラエルの攻撃中止を求めることが必要だ、ハマスがやったことは許されないが、それを理由にイスラエルが大規模攻撃をすることは許されない、この問題での協力を願っていると話しました。

これに対して非常に強い答えが返ってきました。アダムさんは、「パレスチナ問題では、私たちは国際社会が持続的な停戦を実現するために声を一つにすることを促しています」とのべるとともに、ダブルスタンダード（二重基準）に反対するインドネシア政府の立場を表明しました。私は、日本共産党も、ハマスの無法行為を非難するがイスラエルの無法行為の非難はしない「ダブルスタンダード」には道理がないと国会でも提起してきたが、恒久的停戦のためにさらに働きかけを強めたいと表明しました。

もう一つは、核兵器禁止条約の問題です。インドネシアについて、私がたいへん印象深かったのは、２０１０年の核不拡散条約（ＮＰＴ）再検討会議に参加した際、当時のインドネシアのマルティ外相が非同盟運動を代表して冒頭に演説をしたことです。それは核廃絶を

求める堂々たる演説でした。そしてこのNPT再検討会議で採択された文書は、その後の核兵器禁止条約の成立につながっていきました。そういう体験も含めて、「核兵器のない世界」への協力を願っているという話をしました。アダムさんは、非同盟やNPTでのインドネシアの積極的な役割に言及していただいたとのべ、「核兵器のない世界」にむけ連携していくべきとの考えを表明しました。

ハビット・オブ・ダイアログ＝〝対話の習慣〟を広げていく、年間1500回以上に及ぶ会合という話のほか、ガザと核兵器という緊急課題でも有意義な会談になりました。

ASEANの中心性――一方の側に立たず自主独立を貫く

ASEAN本部を訪問されました。

志位　はい。2日目は、ジャカルタ市内にあるASEAN本部を訪問し、エカパブ・ファンタボン事務局次長と会談しました。エカパブさんはラオス出身の外交官で、ラオスは今年（2024年）のASEAN議長国です。その話から、私たちがこれからラオスに行くという話になったところ、エカパブさんは、ちょうど数時間前にインドネシアからラオスへの議長国の引き渡しのセレモニーが行われたと。そんな会話から会談が始まりました。

まず、年間1500回以上に及ぶ会合が話題になりました。私が「年間1500回以上と昨日、聞きました」と話したところ、エカパブさんは、たしかに1500回になっているが、「いまでは量とともに質も大切になっています」として、会合を整理して順序だてたものにする努力を語りました。

私が、「ASEANの成功の秘訣《ひけつ》は何ですか」と聞いたところ、エカパブさんからは、ASEANの中心性と結束が重要だという答えが返ってきました。中心性というのは、いろいろな議論が起こったときにバランスを取って平和と安定を促進する、そして中立性を保つ、つまり、どちらか一方の側を取ることはない――。こういう説明でした。バランス、中立性、一方の側に立たない、そして自主独立を貫いていく。こうしたASEANの中心性の重要性が強調されました。

エカパブさんは、それを家族にたとえて、ASEANは家族の一員として受け入れ合い、助け合い、支える関係だ。域内でも不一致は時にはあるけれども、全ての問題を家族の一員の協力で解決していく。家族でもときどき問題が起きるが、しかし家族の問題は外部の力ではなく、家族で対応すると語りました。

ASEAN本部で志位委員長（右）と田村副委員長
＝2023年12月21日、インドネシアのジャカルタ市

域外のパートナーが同じ席につき、一緒に平和をつくっていく

志位　私は、もう一点、ＡＯＩＰにかかわって、どういう思いでＡＳＥＡＮは平和の地域協力の取り組みを域外に広げることをしているのですかと聞きました。エカパブさんは、ＡＳＥＡＮは常に外側を向いている（アウトワード・ルッキングだ）。常に域外のパートナーに関与しようとする。その点で、世界で最も成功した地域機構だと思っていると答えました。世界の他の国にアウトワード・ルッキングする――外側を向いていくということです。ＡＯＩＰも「ＡＳＥＡＮ・アウトルック・インドパシフィック」の略です。アウトルック――ＡＳＥＡＮがインド太平洋全体を広く遠くまで見晴らし、関与して、平和の枠組みをつくっていこうというのがＡＯＩＰです。

アダムさんは、ＡＳＥＡＮは域外の大国が同じテーブルの席につくことができるプラットフォームになっている、大国が席につき、私たちの考えを受け入れなくても私たちの見解を共有することができるということも言われました。そういうことをやりながら、相互理解と協力を広げていくことをやっているということだと思います。そういう地域機構は世界にＡＳＥＡＮしかないとも言っていました。このような表現で、ＡＳＥＡＮというのは、ＡＳＥＡＮ域内で平和の地域協力をつくるだけではなく、外に向かって、視野を広げて、域外のパートナー国――中国、アメリカ、日本も含めて一緒になって平和をつくっていっているということを強調していました。

日本共産党の「外交ビジョン」に高い評価が

志位　私たちは、今回の訪問の対話用にと、「日本共産党とＡＳＥＡＮの平和の取り組み」と題するごく簡潔な資料をつくりました。東アジアに平和をつくる日本共産党の「外交ビジョン」、トルコ・イスタンブールで開催されたアジア政党国際会議（ＩＣＡＰＰ）でＡＯＩＰの重要性を訴え、総会宣言に「ブロック政治を回避し、競争より協力を重視する」との一文が盛り込まれたこと、「日中両国関係の前向きの打開のための提言」で、日中双方とも賛意を表明しているＡＯＩＰをともに成功させようと呼びかけ、日中両国政府の双方から肯定的に受けとめがあったことなどが一目でわかるようにした資料です。私は、この資料を使って、わが党の取り組みを紹介しました。

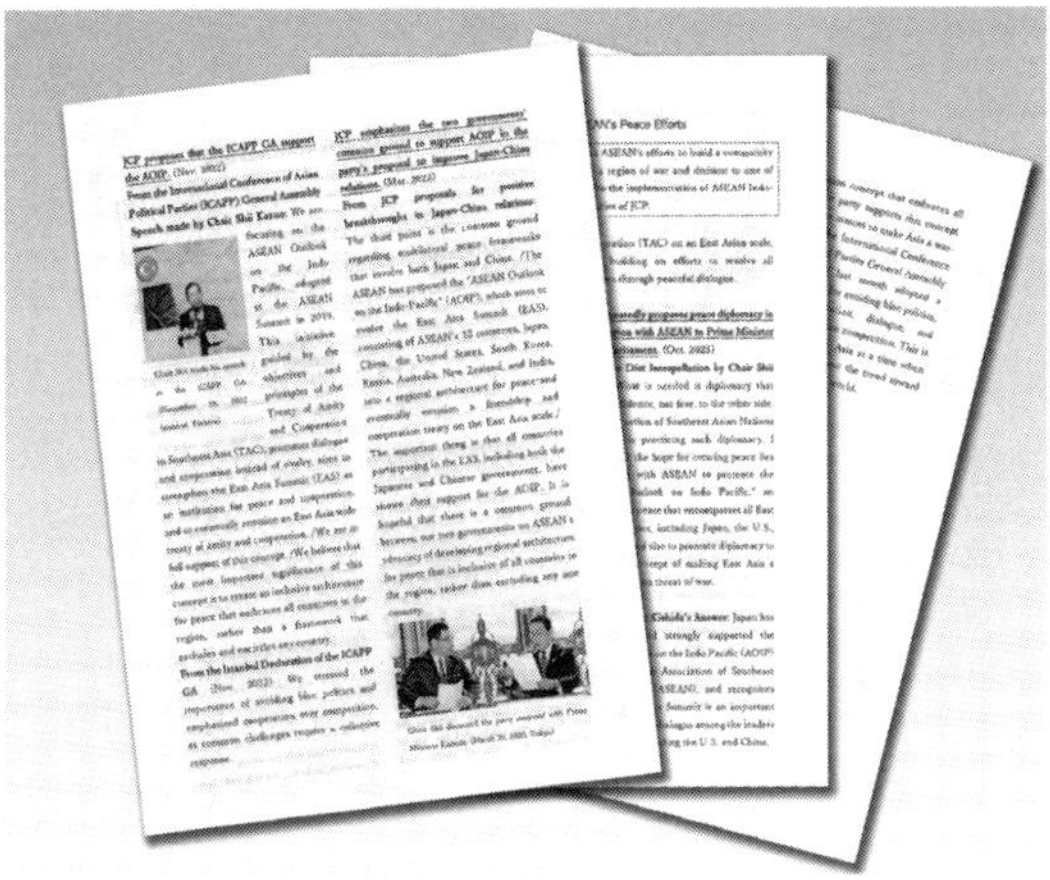

訪問団が持参した、ASEANなどに関わる日本共産党の活動を紹介する文書

エカパブさんからはいろいろな反応がありました。日本共産党の「外交ビジョン」について、地域の平和と安定を促進するＡＳＥＡＮと同じ線に沿っているもので高く評価すると言われました。「日中両国関係の前向きの打開のた

めの提言」に対して、日中両国政府の双方から肯定的な受けとめがあったことにたいして、とても良いシグナルだとの評価がのべられました。地域の多くの国と多くのチャンネルを持つことの重要性が指摘されました。

私が、ASEANと協力して、政党レベルでもAOIPを成功させる取り組みをすすめたいと話したところ、エカパブさんは、日本共産党は重要なビジョンを持っており、その努力、アプローチは重要であり、その仕事を続けていただきたいと応じました。日本共産党の努力方向を歓迎してくれたことは、私たちにとってたいへんに心強いことでした。

ボトムアップ、ステップ・バイ・ステップで

ハッサン・ウィラユダ元外相との会談がとても弾んだと聞きました。

志位　そうです。ジャカルタでは、インドネシアのハッサン・ウィラユダ元外相と、ASEAN常駐代表部事務所にある彼の事務所で会談しました。ハッサンさんは、2001年から09年までインドネシア外相を務め、EASの設立（05年）などのASEAN外交をリードしてきた人物で、2時間近くの会談になりましたが、豊かな示唆に富む発言をたくさん聞くことができました。

ハッサンさんの発言でまず注目したのは、「ASEANは、外部から見ると、期待通りの速さではない、遅いと見られている。しかし、われわれのアプローチはトップダウンではな

くボトムアップ（積み上げ型）です。ステップ・バイ・ステップ（一歩ずつ）なのです」というこことでした。一歩一歩、できるところから積み上げ、広げていくことがＡＳＥＡＮのやり方だというのですね。東南アジア友好協力条約（ＴＡＣ）をつくるにしても、ＡＳＥＡＮの設立宣言が１９６７年で、ＴＡＣを結んだのは76年ですから、ＡＳＥＡＮ設立からＴＡＣを結ぶまで９年もかかった。そういうふうに一歩一歩と広げていまに至っている。まずこの発言がとても印象的でした。

インドネシアのハッサン・ウィラユダ元外相と会談する志位委員長、田村副委員長＝2023年12月21日、ジャカルタ市内

東南アジアには良い〝対話の習慣〟がある、これをいかにして北東アジアに広げるか

志位　ハッサンさんとの対話のなかには、たくさんの示唆があったのですが、とくに印象深かったのは、東南アジアには良い〝対話の習慣〟がある、これをいかにして北東アジアに広げるかが課題だということを言われたんです。これは、ズバリ的を射たものだと思います。

ハッサンさんが、北東アジア固有の困難にあげたのは、一つは、歴史問題でした。過去の歴史問題を解決できていない。日本がそれを克服できるかが大事で、ドイツが大切な例になるのではないかと指摘しました。もう一つは、朝鮮半島では、停戦合意があるだけで依然として戦争状態が続いていることです。これは難しい問題だが、正面から取り組む必要があるとの指摘でした。さらにいま一つは、米中の対抗、戦略競争が強まっていることです。三つともまさにその通りです。私は、なるほどと思ってこの提起を聞き、こういう話をしました。

「たしかに言われる通りで、私たちもこの問題では模索と探求をやってきました。わが党は、２０１４年の党大会で北東アジア平和協力構想を提唱しました。これは簡単に言えば、ＡＳＥＡＮのような平和の地域協力の枠組みを北東アジアにもつくりたい、北東アジア版のＴＡＣ（友好協力条約）を目指したいというもので、当時は関係国から評価を受けましたが、その後の情勢の進展は、これが簡単には進まないことを示しました。新たに枠組みをつくるのではなく、現にある枠組みを活用・強化して平和をつくる現実的アプローチが必要だと考えました。そのときにＡＳＥＡＮによるＡＯＩＰの提唱――現にある東アジアサミットを活用・強化するという構想を受けて、党として『外交ビジョン』を提唱しました」

それに対してハッサンさんは、次のように発言しました。

「東アジアでＴＡＣをつくることは、今すぐは難しいと思います。〝対話の習慣〟を育んできたＡＳＥＡＮでもＴＡＣ締結には9年かかりました。ＴＡＣをつくるには、条約をつくる前提として〝対話の習慣〟が必要です。いかに良い〝対話の習慣〟を育むかが優先だと思います」

私たちが「北東アジア平和協力構想」から、現にある枠組み——東アジアサミット（ＥＡＳ）を活用・強化していくという「外交ビジョン」へと外交構想を発展させていった模索と探求をよく理解してくれた発言でした。

「対話は多様性の産物」、平等に同じテーブルにつく

志位　私は、ＡＳＥＡＮの考え方を日中関係にも応用したと「日中両国関係の前向きの打開のための提言」の話をしました。「バリ原則」を中心になってまとめたインドネシアのマルティ外相は、かつてその取り組みについて、〝誰にも反対できないような原則——国連憲章にもとづく紛争の平和的解決などの原則をきちんと定式化した。それがバリ原則です〟とのべていました。こうした努力を積み重ねていけば地域の平和のルールになっていくということだと思います。

日中両国関係にもこれを応用して、日中両国のどちらにも受け入れ可能で、かつ実効性のあるものをつくろうと、「日中両国関係の前向きの打開のための提言」を発表したという話をしました。とても真剣に聞いていただきました。

そのうえで、私は、ＡＳＥＡＮではどうやって、〝対話の習慣〟を持つようになったのですかと聞きました。ハッサンさんはこう言いました。

「対話は多様性の産物です。インドネシアは人種、言語、文化的に多様で３００以上の民族がおり、私は西ジャワの出身ですが、スマトラ北部の人と話すときは相手に何を言ってい

いのか、悪いのかを意識します。私たちにはそのような内的プロセスがある。基本的に全ての東南アジア諸国が多様な国です。多様性の中で、対話は日常生活、生き方そのものなのです」

「対話は多様性の産物」――。これもなるほどと思って聞きました。

そのうえでハッサンさんは、もう一つ大事なことを言いました。

「インドネシアは2億8000万の人口を持ちます。ブルネイは45万人、シンガポールは600万人、ラオスは750万人です。しかし、私たちは平等に同じテーブルにつきます。ASEANはコンセンサスで運営されます。インドネシアは大国だから、もっと意向が反映されてもいいはずだとも言われますが、そうではありません。私たちは自分の意思で小国と同じ権利を持つことにしました。ASEANはコンセンサスに基づいて運営されています。多数が少数に意見を押し付けない。少数も多数を振り回さない。だからASEANは発展したのです」

これらの一連の発言には、ASEANの成功の秘訣が深いところから語られています。

――ASEANで〝対話の習慣〟がつくられたのは、「多様性の産物」だ。多様性があるからこそ、対話せずにはいられなかった。私たちは「ハビット」を「習慣」という言葉に翻訳しましたが、「癖」とも訳せます。「対話せずにはいられない」という感じだと思います。

――ASEAN域内でインドネシアは人口が4割強。最大の国です。それにもかかわらず、大国として意見を押し付けることを絶対にしない。こうした自制しているということが、ＡＳＥＡＮの安定性と団結をつくっている。インドネシア外交の懐の深さを見る思いでした。

政府と政党と市民社会が協力して

志位　ハッサンさんとの対話の最後に話したのは、政府と政党と市民社会の協力ということでした。ハッサンさんは、「政党にもできることがあります。それは政党間で話し合うことです。ぜひそれをやってほしい。対話を促進するために政党としてもやってほしい」と言いました。そして「ＡＳＥＡＮは〝対話の習慣〟で成功しているけれども、北東アジアが成功しないままでは、東アジア全体の平和の共同体には進まない。平和のために、取り組みの成功を願います」と激励してくださいました。私から、政府と政党と市民社会の協力を大いに進めたいと提起したところ、たいへん良いことだと賛意を示してくれました。

インドネシア政府は、22年のＧ20で議長国を務めて、だれも発出できないだろうと思っていた共同声明をまとめ上げました。ウクライナ侵略が難しい問題で、これを非難しながら、一部の人は違う意見をのべたという言い方で共同宣言をまとめました。これに関し、ハッサンさんは「ＡＳＥＡＮは求心力があり、すべての国、立場の対立する国ぐにをそろって快適にする」と話しました。ここにＡＳＥＡＮの哲学が表れています。対立しているのにそろってみんな快適になる。そこにインドネシア外交のすごさがあると感じました。

インドネシアでの収穫は大きなものがありましたね。

志位　そう思います。私は、記者団の取材で、インドネシア訪問の成果を問われて、「ASEANとインドネシア外交の精神を深く知ることができ、今後の協力の発展の方向、党の『外交ビジョン』の発展のうえで多くのヒントを得ることができました。とくに共通のキーワードとして〝対話の習慣〟ということが語られたことは、とても印象深いもので、ここインドネシア、ASEANから始まった〝対話の習慣〟を、時間はかかっても北東アジア、東アジア全体に広げ、この地域に平和をつくるために力をつくしたい」との決意をのべました。

ラオス――東アジアの平和、核廃絶で協力、不発弾問題で連携

初訪問で温かい歓迎――AOIP成功、核兵器禁止条約推進で協力を合意

次の訪問国はラオスでした。日本共産党の委員長としては初めて訪問となりました。

志位　今回ラオスを訪問した理由は二つあります。一つは、ラオスは今年、ASEAN議長国になります。これまでラオスはASEANの議長国を2回務めています。前回は2016年で、南シナ海の問題など難しい問題がありましたが、見事に会議を成功に導いたことに私たちも注目していました。今年の議長国として、どういう意気込みでそれに取り組むのかを、ぜひ聞いてみたかったというのが最大の理由です。同時に、この訪問はラオス人民革命党からの公式の招待にもとづくものでした。同党から繰り返し招待があったのですが、な

かなか行く機会がつくれなかった。今回こそぜひ訪問してみたいと考えました。

最初にラオス人民革命党のトンルン・シスリット書記長・国家主席と党首会談を行いました。先方からは、日本共産党の１００年を超える歴史へのお祝いがのべられ、私の訪問に対して歴史的だとの評価をいただきました。非常に温かい歓迎を受けました。

初対面ということもあり、両党関係の今後について話し合いをしました。日本共産党とラオス人民革命党との関係は、両党の指導者レベルとしては、宮本顕治書記長とカイソン書記長が１９６６年に会談を行っています。以来、アメリカに対するラオス独立戦争への連帯のたたかいなど交流の歴史があります。

ラオス人民革命党のトンルン・シスリット書記長（ラオス国家主席）と会談する志位委員長＝2023年12月23日、ビエンチャンのラオス人民革命党中央委員会

そうした経過を踏まえつつ、私は、両党の伝統的な友好と協力の関係を「21世紀にふさわしい新たな高みに引き上げたい」とし、いくつかの提案を行いました。双方は、▽両党関係の発展によって日本・ラオスの両国・両国民の友好関係をより豊かにしていく、▽世界と地域の平和のためにＡＯＩＰの成功や「核兵器のない世界」など一致点での協力を進めていく、▽国際問題での意見交換や党活動の交流のために両党間に効果的な対話

のメカニズムをつくっていく――などの点で一致しました。

私が、ＡＯＩＰを成功に導くために「両党の協力をいっそう強化したい」と提案しますと、トンルン書記長は、ＡＯＩＰについて、「ラオスは常に紛争の平和的解決を望み、包摂的に対話し協力することを望んでいます。来年（２０２４年）１月１日から議長国を務めるけれども、ＡＳＥＡＮの中心性と団結を強化するイニシアチブを継続して諸問題に対処し、力強く、粘り強く平和を維持していきたい」とのべました。

ＡＯＩＰを協力して推進していくことが、党首レベルで合意になったことは、とても重要だと思います。私たちが事前に渡した資料などもよく読んでくれていて、日本共産党が日本政府に対して行った提言（外交ビジョン）を評価するともいわれました。

核兵器については、ラオスは常に平和を望んでおり、核兵器禁止を進めることが重要だと、これも協力して進めることで一致しました。

これが全体の流れです。会談は終始、和やかで、本当に心が通い合う温かい会談となりました。

ラオスの政権党と、党首レベルで、ＡＯＩＰの推進、核兵器禁止条約の推進――この二つの大きな課題での協力を合意したのは、非常に重要だと思います。

不発弾問題での対話で信頼がぐっと深まった

不発弾問題でも連携が確認されました。

志位　はい。トンルン書記長との会談では、不発弾処理の問題が重要な話題になりました。あらためて調べてみますと、ラオスにとってこの問題は非常に深刻です。ラオスは１人当たり世界で最大の爆弾が投下された国と言われています。たいへんに心が痛むのは「戦後」――アメリカとの独立戦争に勝利した１９７５年以降も２万人もの被害者が出ていることです。

私が不発弾処理の問題について、ラオスは1人当たり最大の爆弾が投下された国と言われていますというと、トンルン書記長は、身を乗り出してきて、「その通りです」という。当時ラオスは人口が３００万人だったが、そこに３００万トンもの爆弾が投下され、１人当たり1トンだと。その3分の1は不発弾となり、今でも埋まっている。戦争は終わっているのに子どもたちが犠牲になっているというのです。

ラオスは、クラスター爆弾禁止条約（２０１０年発効）に、ノルウェーの次に署名しており、同条約第1回締約国会議はビエンチャン（ラオスの首都）で開かれています。この条約では、クラスター爆弾の禁止とともに、被害者を支援することが明記され、核兵器禁止条約のモデルになった条約ともいわれます。日本もクラスター爆弾禁止条約には参加しています。私は、こうした事実をのべて、クラスター爆弾の不発弾処理問題を解決して、被害者を支援することを、両国の共同事業として取り組んでいきたいと話すとともに、日本共産党としてこの問題を重視して、「しんぶん赤旗」でも継続的に記事を載せてきたと伝えました。

そうしますとトンルン書記長は、自身が労働大臣を務めていた時期に、不発弾処理の機関をつくって、この問題に取り組んできたというのです。さらにラオスがクラスター爆弾禁止条約の第1回締約国会議を開催したさいに、自身が外務大臣として締約国会議の議長を務めたということでした。この問題に一貫して取り組んでこられた方が、書記長をやっているのです。トンルン書記長は、自身が副首相だった2000年代初頭に日本を訪問する機会があった、そのときに日本共産党の議員が「実のある支援を」と提起した、日本共産党の支援に感謝したいとのべました。

この対話で、トンルン書記長との信頼関係がぐっと深まり、連携して解決をということを確認しました。この問題での協力の強化という約束を果たしたいと思います。

ＡＳＥＡＮは「平等と相互尊重の精神」で運営されている

ラオスでも外務省と意見交換をされました。

志位　外務省を訪ねたのは、ＡＳＥＡＮとＡＯＩＰについてのラオス政府の取り組みについて、さらに聞きたいと考えたからです。そのことを先方に伝えたら、外務省の会合をセットしてくれました。私たちは、トンファン外務副大臣と会談しました。

今年の議長国としての意気込みが伝わってくる会談でしたが、この会談で、私が、「インドネシアの元外務大臣のハッサンさんとジャカルタで会談した際に、『ＡＳＥＡＮでは上下関係はなくコンセンサスでやっています。それは強みです』と言われました。この点についてラオスから見てどうでしょうか」と率直に尋ねました。

そうしましたらトンファンさんからは、ＡＳＥＡＮは、政治、経済、宗教など多様であり、インドネシアは2億人以上の大国、ブルネイは１００万人に満たない小さな国だ、経済力もシンガポール、ブルネイは発展しているが、ラオス、カンボジア、ミャンマーは後発途上国だ、しかしＡＳＥＡＮには平等と相互尊重の精神がある、重要課題では常に対話しているという答えが返ってきました。

「平等と相互尊重の精神」で運営されている。インドネシアのハッサン元外相が言ったことと同じことがラオスからも言われたということは、とても大事なことです。インドネシアは大国の側ですが、インドネシアの側だけが言っているのではなくて、小さな国であるラオスもそれをよく理解し、評価しているということがよく分かりました。

ここにＡＳＥＡＮの強みの一つがあるということですね。

志位　その通りです。インドネシアとラオスでこの強みが共有されていることが、よく分かりました。

闘いをへて勝ち取った独立、美しい自然と文化遺産、優しい穏やかな歓迎

初訪問でのラオスの印象はどうでしたか。

志位　ラオスでは、二つの歴史博物館を訪問しました。その展示物を見ていくと、やはり大変な闘いをへて独立を勝ち取ったことがよく分かります。フランス植民地主義者のひどい

残虐行為があった。その次に来たのが、「ジャパニーズ・ファシスト（日本の独裁主義者）」だったと展示してありました。日本軍国主義が去った後も、フランス植民地主義者が戻ってきて、残虐行為があって、それを打ち破ったあとにアメリカ帝国主義者がやってきた。それらをすべて打ち破って独立と自由を勝ち取った。こういう点では、ベトナムと同じ歴史を持つわけです。

ラオスもまた多様な国です。そのことを私たちが案内されたタート・ルアン寺院でも感じました。タート・ルアンという金色の仏塔があって、回廊で囲んである。その寺院に訪問し、「宗教は何ですか」と聞いたら「基本は仏教です」と。２０００年前からあるお寺で、仏教が基本で、キリスト教も加わって、そこにヒンドゥー教も加わっているというのです。一つの寺院でも、三つの宗教が共存した寺院というのが、とても印象深かった。

バンビエンという、ビエンチャン郊外にある観光地にも案内されました。石灰岩でできたラオス特有のとても美しい山と川の風景です。たいへんに美しい自然がたくさんあって、２０００年前からの寺院も含めて文化遺産もたくさんあって、ラオスの人々の優しい穏やかな歓迎を受けたというのが印象です。党代表団のみんなが「心があらわれるようだね」という感想を言い合いました。これが初訪問の印象です。

ベトナム――両党が協力して東アジアの平和構築を

外交学院での講演と質疑――東アジアの平和構築のための「二重の努力」

最後の訪問国は、長い友好関係をもつベトナムです。志位委員長にとっては、5年ぶり4度目の訪問となりましたが、今回はどうでしたか。

志位　最初に行ったのがベトナム外交学院での講演と質疑でした（本書収録）。外交官などを養成している学院ですが、女性が非常に多かったのが印象的でした。「日本語を勉強している方は何人ですか」と聞いたら、第１外国語にしている人が80人、第２外国語が１００人と言っていましたから、相当日本語熱は高いと感じました。私の講演も身近に受け止めてもらったと思います。

講演は、①半世紀以上に及ぶ日本共産党とベトナム共産党の友好と連帯の歴史、②東南アジアでの平和の激動と「ＡＳＥＡＮインド太平洋構想」（ＡＯＩＰ）、③ＡＯＩＰ成功のために――日本共産党としての取り組み、④世界の構造変化が生きた力を発揮――平和と社会進歩のために手を携え前にすすもう――という柱で行いました。

ここでは、「ＡＯＩＰ実現のために日本がＡＳＥＡＮと協力してできることは」という質問がありました。この質問への回答では、私たちの考え方を発展させた点がありました。

私は、日本ができることは二つあるとして、その一つは、日本は東アジアサミット（ＥＡＳ）の公式の参加国の一つだから、このＥＡＳを対話の場として活用・強化して発展させることが大事だとのべました。同時にもう一つあるとして、北東アジアの固有の諸懸案の解決に積極的に取り組むことだと答えました。ハッサンさんから指摘があったように、北東アジアには〝対話の習慣〟が不足している、〝対話の習慣〟が当たり前になるようにしたいとのべ、そのための試みとして、①「日中両国関係の前向きの打開のための提言」を紹介するとともに、②朝鮮半島問題の外交的解決、③歴史問題の理性的解決、これらの課題に取り組み、さらに前進のためのアイデアを探求する必要があるとのべました。

つまり日本は東アジアの平和構築のために「二重の努力」を行うべきだということを強調しました。すなわちＡＳＥＡＮとともにＥＡＳを発展させ、ＡＯＩＰを成功させるための努力を続けることと同時に、北東アジアの固有の諸懸案を外交によって解決する――これらの両面で〝対話の習慣〟をつくっていく努力を払うことが必要だ、東南アジアで発展している〝対話の習慣〟を北東アジアにも広げたい、こういう新しい整理をしたのです。

インドネシアでの一連の対話を生かして考えてみますと、わが党の「外交ビジョン」では、「二重の努力」のうちの最初の側面をのべたものです。ＡＳＥＡＮと協力してＡＯＩＰを成功させる、そして、東アジアの全体を平和の地域にしていく、これが基本なのですが、北東アジアには独自の諸懸案があります。その諸懸案について「ＡＳＥＡＮまかせ」というわけにはいきません。北東アジアの諸懸案は、北東アジアで解決する努力をやりながら、

ＡＯＩＰを成功させる。ＥＡＳの場もそういう諸懸案の解決のために役立てていくというような姿勢がいると思うのです。「ＡＳＥＡＮ頼み」で東アジアの平和がつくれるわけではなく、北東アジアでは北東アジアの独自の努力がいる――「二重の努力」が必要だと思います。

講演について、「しんぶん赤旗」ハノイ支局が取材した感想が届いていますので、紹介します。

ベトナム外交学院で志位委員長の講演をきく学生たち＝2023年12月25日、ハノイ

日本語学科の１年生――「日本共産党とベトナム共産党の過去、現在、未来をよく知る機会となり、私にとって外交学院で今後４年間勉強する上で記憶に残る、また大きな意味を持つ契機となりました」

日本語学科２年生――「参加できてとても良かった。志位委員長が話されたオリエンテーション、考え方、政策、さらに政治外交用語も含めて、とても実践的かつ有益でした。また日本共産党とベトナム共産党との関係の歴史と連帯、協力の関係を知ることができたこともたいへんに勉強になりました」

若いみなさんからのこうした感想はとてもうれしいものでした。

東アジアの平和構築のための「模索と探求」を率直に伝えた

ベトナムではどのような意見交換が行われたのですか。

志位　ベトナムでは、2日目（26日）のグエン・フー・チョン書記長との党首会談がもちろん最も重要な会談でした。その前の1日目（25日）にチュオン・ティ・マイ書記局常務との会談を行い、2日目にグエン・フー・チョン書記長との会談の前に、レ・ホアイ・チュン対外委員長との会談を行いました。この三つの会談は連動していて、二つの会談の報告は、グエン・フー・チョン書記長に伝えられていました。ですから一連の会談で私たちが行った発言と、ベトナム側の発言について、まとめて話します。

ベトナムでは、インドネシアとラオス訪問を通じて、私たちが得た認識の発展も踏まえて、私たちの行っている模索と探求について率直に話しました。私は、日本共産党として東アジアの平和構築について、模索と探求の途上にあります――「模索と探求」という言葉を率直に言って、私たちの考えを伝え、意見交換を行いました。

私は、要旨、次のような発言を行いました。

――5年前にベトナムを訪問した際には、日本共産党として「北東アジア平和協力構想」を提唱しているということを話しました。ASEANのような平和の地域協力の枠組みを北東アジアにもつくりたいという構想です。この構想は、当時、関係国から評価をいただきました。5年前の会談のさいに、ベトナムからも評価をいただきました。しかし、その後の情勢の展開は、北東アジアにそうした平和の新しい枠組みをすぐにつくることは難しいということを示しました。

――そういうもとで2019年にASEAN首脳会議でAOIPが採択されました。こういう新しい動きも受けて、わが党として、新しい枠組みをつくるのではなくて、東アジアサミット（EAS）という現にある枠組みを活用し発展させることが現実的だと考えました。そして「外交ビジョン」を2022年1月に提唱しました。いま日本政府がやるべきは、軍事的対応の強化でなく、ASEANと手を携えて、AOIPを共通の目標に据え、東アジアサミットを活用・強化して、東アジアを戦争の心配のない平和の地域にしていくための憲法9条を生かした平和外交にこそある――これがわが党が提唱している「外交ビジョン」です。

ベトナム共産党のチュオン・ティ・マイ書記局常務（右から3人目）と会談する志位委員長（左から3人目）＝2023年12月25日、ハノイ

――今回の3カ国訪問をつうじて、北東アジアと東南アジアの違いは何だろうかと考えました。ASEANでは〝対話の習慣〟が当たり前のように根付いているが、北東アジアにはそれが欠如している。それはなぜかと考えてみると、北東アジアには東南アジアと比較して次のような困難があると思いま

す。第一に、日米・米韓という軍事同盟、米軍基地が存在している。第二に、米中の覇権争いの最前線に立たされている。第三に、朝鮮半島で戦争状態が終結していない。第四に、日本の過去の侵略戦争と植民地支配に対する反省の欠如という問題があります。

――そういう状況にくわえてもう一つ問題があります。北東アジアにはそれだけの難しい問題があるもとで日本政府がどうなっているのかという問題です。グエン・フー・チョン書記長は、この3カ月の間に、バイデン米大統領と習近平中国主席の両方をハノイに迎えて首脳会談を行っています。そのさいにチョン書記長が、バイデン大統領、習近平主席の双方に対して、自主独立と全方位外交というベトナム外交の基本方針とともに「四つのノー」(軍事同盟を結ばず、第三国に対抗するために他国と結託せず、外国軍基地の設置を認めず、武力行使・威嚇をせず)を表明したことに注目しています。そういうベトナムがASEANで重要な地位を占めていることは、ASEANの中心性を保障する重要な柱となっていると思います。ところが日本政府がどうなっているかと考えた場合に、「四つのノー」ではなくて、「四つのイエス」になっている。軍事同盟イエス、ブロック政治イエス、軍事基地イエス、武力の行使・威嚇イエス――「専守防衛」を投げ捨てた大軍拡をやっています。

――そういう状況を変えるためにわが党は闘っていますが、日本政府がそういう状況にあるもとで、日本共産党としての独自の努力が必要だと考え、この間、努力をしてきました。「日中両国関係の前向きの打開のための提言」、朝鮮半島問題の外交的解決、歴史問題の理性的解決のために独自の努力をしてきました。

日中関係については、日中両国政府には両国関係の前向きの打開にむけた三つの「共通の土台」――①２００８年に交わされた「互いに協力のパートナーであり、互いに脅威とならない」という首脳合意、②２０１４年に交わされた尖閣諸島等東シナ海問題の緊張状態を「対話と協議」によって解決するという合意、③東アジアの平和の枠組みとしてＡＯＩＰを日中両国政府が支持している――があることに着目して、これらの「共通の土台」を生かして対話によって前に進もうという提案を行い、日中双方から肯定的な受け止めが寄せられました。

北朝鮮問題については、弾道ミサイル発射には厳しく反対しますが、解決方法は対話しかありません。２００２年の日朝平壌《ピョンヤン》宣言に基づいて、核、ミサイル、拉致、過去の清算を包括的解決して国交正常化をはかることが唯一の理性的な解決の道です。その点で、最近、日朝間で接触があったということが報じられており、そういう機会も捉えて、対話のルートを確立することが大事だと主張しています。

歴史問題については、日本政府が過去の植民地支配に対する真剣な反省と誠実な姿勢を欠いていることが、徴用工問題、日本軍「慰安婦」の問題などの解決の妨げとなっており、友好関係を築く障害となっており、解決していく必要があります。

――ＡＯＩＰを成功させるために両党が協力していきたい。同時に、北東アジアに〝対話の習慣〟をつくっていくために、わが党として独自の努力をしていくつもりなので、この点でも協力していきたい。

これが私がベトナム側に伝えた東アジアの平和構築についてのわが党の考えです。

東アジアの平和構築のために国民的・市民的運動を

ベトナム側の発言はどうでしたか。

志位　ＡＯＩＰについてはその成功のために両党で協力していこうということが合意になりました。グエン・フー・チョン書記長との党首会談でも合意になりました。両党で協力してＡＯＩＰの成功のための取り組みを推進しようということをベトナム共産党とも党首レベルで合意したというのは、非常に重要だと思います。

それからベトナム側から、北東アジアと東南アジアの比較はとても興味深く、深みがあるものだが、同時に共通点もあるということが強調されました。それは北東アジアでも東南アジアでも、それぞれの地域の諸民族は、みんな平和を望んでいるということだ、民衆の力は最も重要であり、民衆は平和を望んでいるんだから、民衆が協力して平和をつくることが重要だ――こういう反応がベトナム側から返ってきました。

これは、私たちが今回の訪問で一貫して強調してきたことと共通する提起です。すなわち、ＡＯＩＰ成功のためには、各国の政府、政党、市民社会が協力してやっていこうということと共鳴してくる、とても私たちと響き合う反応が返ってきました。

もう一つベトナム側から返ってきたのは、日本共産党の「日中両国関係の前向きの打開のための提言」について、日中関係の改善に対する努力を高く評価する、ベトナムも日中の友好を支持しているということでした。わが党の「日中提言」は、ＡＳＥＡＮの事務局次長にも歓迎されましたが、ベトナムからも歓迎の声が寄せられたことはうれしいことでした。

とくに、東アジアの平和構築のために、政府と政党と市民社会が協力して取り組んでいくという方向で一致したことは、重要だと思います。核兵器禁止条約も各国政府と被爆者を先頭とする市民社会の共同の産物でした。東アジアに平和をつくろうと思ったら、国民的運動、市民的運動が必要になります。時間がかかったとしてもそれをやる必要はあるのではないかと話したら、賛意を得られました。

ベトナム共産党のグエン・フー・チョン書記長（右）と握手する志位和夫委員長＝2023年12月26日、ハノイ

日本共産党とベトナム共産党との両党関係については、ハイレベルの交流、理論交流、国際フォーラムでの協力、国際部門間での協力――これらの4分野で関係を発展させてきたし、今後ももっと発展させようということで合意しました。

枯葉剤被害者支援、ベトナム人労働者の権利の問題について

代表団は、枯葉剤被害者支援セン

ターを訪問しました。ベトナム人労働者の問題も話し合われたと聞きます。

志位　枯葉剤被害者支援と在日ベトナム人労働者の問題でも話し合いました。ベトナム人労働者の問題では、実は5年前のベトナム訪問のときに、グエン・フー・チョン書記長に、この問題に取り組んでいくという約束をしました。その後、日本共産党国会議員団がこの問題を重視して取り組んでおり、調べてみたら2019年以降で37回も国会質問で取り上げているんです。不当な大企業による雇い止めの是正を指導させたり、コロナ危機のもとで実習生への給付金支給など、生活支援が行き渡るよう要求するなど、わが党の国会議員団は頑張っています。そういう話を先方に伝えました。これには強い感謝がのべられました。

そもそも技能実習制度の「国際貢献」という建前が成り立たなくなっており、実態は、低賃金と重労働などで人手不足が深刻な分野への外国人労働者の活用が意図されており、技能実習制度は廃止し、日本で働くことを希望する外国人に労働者としての権利を保障する制度へと、抜本的な見直しを求めていることをチョン書記長にも直接伝えました。

またマイ書記局常務との会談では、田村副委員長が、外国人労働者の権利を守る自身の国会質問の話もくわしく紹介し、たいへんに気持ちが通じ合う会談となりました。田村さんとマイさんの間では、歓迎夕食会の席で、ジェンダー問題が真剣に議論されました。ベトナムでは男女間の賃金格差がほとんどないわけですが、それを解消していった過程をマイさんが詳しく話し、日本ではこういう遅れがあると田村さんが話し、ジェンダー平等に対するベトナムの努力が伝わってきました。

枯葉剤の被害者の問題では、私たちは、ハノイの郊外にある枯葉剤被害者支援センターを訪問しました。この被害が今なお続いているという深刻な実態があります。枯葉剤の被害者は現在３００万人いるとのことでした。直接浴びた人（1世）とともに、被害者2世、３世、４世まで問題になっているとのことでした。４世だけで3万人いるとのことでした。２世、３世はと聞くと、実態をつかめていないという話です。

支援センターではリハビリをやったり、重度の人は特別のケアをしたりしています。私たちはセンターに贈り物を届けたいと思い、何が不足していますかと聞いたら、扇風機が不足しているという話だったので、ささやかなものですが24台を買ってお持ちしました。そうしましたら、「贈呈式」をしていただいて、みなさんが集まってくれました。一人ひとりと握手しました。そこで私は、あいさつを求められて、「いまだに世代を超えて、被害が続いていることに胸がつぶれる思いです。日本の原水爆禁止世界大会では枯葉剤被害者への支援を呼びかけて募金などに取り組み、加害国と加害企業に謝罪と補償を求める運動を行っています。ベトナムで『ヒバクシャ国際署名』を１００万近く集めてくれたことも忘れません。両国民が力をあわせて、『核兵器のない世界』、大量破壊兵器、残虐兵器のない世界をつくりましょう」と話しました。

ラオスでは不発弾という形で、ベトナムでは枯葉剤という形で、なお戦争の被害が続いていることを私たちは決して忘れてはなりません。

グエン・フー・チョン書記長との会談――「桜の花と共産主義者の心」が話題に

代表団の最後の日程は、グエン・フー・チョン書記長との会談でした。

志位　グエン・フー・チョン書記長との党首会談は、いまのべたことの全体が確認された会談となりました。チョン書記長は、「日本共産党代表団の活動が素晴らしい成果を上げたことを、私はもう報告を受けています」と語り、国の発展と国民の幸福のために平和と自主独立の旗をベトナムは掲げているとのべ、東アジアと世界の平和のための両党の協力を促進することに賛成の意を示しました。ＡＯＩＰを両党が協力して成功に導く、「核兵器のない世界」をつくる――この二つの大きな問題での両党の協力が確認されました。両党関係については、さきほど紹介したいくつかの点での発展が確認されました。

１９９４年にグエン・フー・チョンさんがベトナム共産党代表団の一員として来日し、私が団長を務めた日本共産党代表団と数日間にわたる長時間の会談をしたことが話題になりまし

Nhân Dân
CƠ QUAN TRUNG ƯƠNG CỦA ĐẢNG CỘNG SẢN VIỆT NAM
TIẾNG NÓI CỦA ĐẢNG, NHÀ NƯỚC VÀ NHÂN DÂN VIỆT NAM
NĂM THỨ 73 (Số: 24888)
www.nhandan.vn

Khai mạc trọng thể Đại hội đại biểu toàn quốc Hội Nông dân Việt Nam lần thứ VIII

Tổng Bí thư Nguyễn Phú Trọng tiếp Đoàn đại biểu Đảng Cộng sản Nhật Bản

Phát huy truyền thống yêu nước và cách mạng, giai cấp nông dân và Hội Nông dân Việt Nam quyết tâm phấn đấu, hoàn thành xuất sắc mọi nhiệm vụ vẻ vang của dân tộc trong thời kỳ mới

Coi trọng, đổi mới, đầu tư nhiều hơn nữa cho xây dựng pháp luật, hoàn thiện thể chế

グエン・フー・チョン書記長と志位和夫委員長の会談を1面で伝えるベトナム共産党機関紙「ニャンザン」（2023年12月17日付）

た。ソ連崩壊直後の困難な時期で、主に国際問題で意見交換を行いました。そのときに、チョンさんは「しんぶん赤旗」の早朝配達にも参加しました。チョンさんは、帰国して、「桜の花と共産主義者の心」というたいへん文学的なエッセーを、党の機関紙である「ニャンザン」に寄稿しました。とても感動的な文章だったので、翻訳して全文「しんぶん赤旗」に載せたことがありました。そんな話題にもチョン書記長はふれて、本当に心が通い合う、温かい会談となりました。

こうしてベトナム訪問は、今回の訪問の集大成になりました。私たちの「外交ビジョン」のイメージが豊かに膨らみ、それを先方も受け止めてくれたという訪問になりました。

訪問の成果、これをどう生かしていくか

本当に大きな成果があった訪問でしたが、これをどう生かしていくのですか。

志位　ＡＳＥＡＮの国ぐにの立場から考えてみますと、ＡＳＥＡＮの域外の政党で、これだけＡＳＥＡＮが提唱しているＡＯＩＰについて熱心に推進を訴えている党は他にないと思います。そういう点では、ＡＳＥＡＮの側が行っている努力と探求にも響き、会談した方がた、党との関係で、強い絆がつくれた、また絆が豊かになったのではないかと思います。

党の方針との関係でいえば、２０２０年の党大会で党の綱領にＡＳＥＡＮの重要性を位置付けたこと、この間、「外交ビジョン」や「日中提言」を発表してきたこと、そういう一連

の外交方針が、その中心になっているＡＳＥＡＮの国ぐにに行って、深く響き合い、さらに、響くだけではなくて私たちの認識が豊かに発展する、方針も発展するという訪問になりました。それは非常に大きな成果と言えると思いますし、今後の日本の闘いにも生かしたいと思います。

それから、私が、日本共産党代表団の団長として、ベトナムとラオスで政権党の党首と会談し、党首間で、東アジアの平和構築に協力して取り組もう、協力してＡＯＩＰを推進しようということを確認したことは、現実の国際政治を前に動かすことに貢献するものであり、非常に重要な出来事となったと思います。

これを、日本国民の中でいかに世論にしていくかという課題に、ぜひ取り組みたいと思います。東アジアの平和構築というテーマは、ともすると難しくとられがちですが、今回の訪問をつうじて、うんとやさしい言葉で、「〝対話の習慣〟を東南アジアから北東アジアにも広げよう」というように一言で言えるようになったのではないでしょうか。このことも今後のいろいろな取り組みに生かしていきたいと思っています。

お話ししてきたように、北東アジアは、東南アジアに比べて、〝対話の習慣〟という点で不足があり、それを阻む難しい問題もあります。しかし考えてみれば、東南アジアも、ベトナム侵略戦争のときには、「敵対と対立」の地域だったわけです。それが長い期間をかけての対話の積み重ねで平和の共同体に変わっていったのです。ですから、北東アジアでも、平和を願う各国国民の力に依拠するならば現状を変えることはできると確信します。ＡＳＥＡ

Nと協力しつつ、北東アジアにも〝対話の習慣〟を根付かせ、平和な地域にしていくための努力を、ステップ・バイ・ステップで――一歩一歩進めたいと決意しています。

最後に、３カ国の歴訪をつうじて、日本共産党の外交方針への評価と期待、日本共産党そのものの発展と成功への期待が、それぞれの立場から寄せられました。これらの期待にこたえて、今年、目前に迫った第29回党大会を成功させ、つよく大きな党をつくり、総選挙での躍進に道を開く年にしていくために力をつくす決意です。

長時間、ありがとうございました。

（「しんぶん赤旗」２０２４年1月1日付）

東アジアの平和構築をめざして

ベトナム外交学院　志位委員長の講演

日本共産党の志位和夫委員長が、２０２３年12月25日にハノイのベトナム外交学院で行った講演は次のとおりです。

若い友人のみなさん、こんにちは。私は、日本共産党委員長の志位和夫です。

今回のベトナム訪問は、私にとって5年ぶり、4回目の訪問になります。5年前に訪問したさいにも、外交学院でお話しする機会がありましたが、本日、ふたたびベトナムの未来を担う若いみなさんの前でお話しすることができて、たいへんにうれしい思いです。

外交学院で講演する志位委員長＝2023年12月25日、ハノイ（面川誠撮影）

私は、いま69歳ですが、私たちの世代の日本共産党員にとって、ベトナムとは青春そのものです。私たちが青年の時期に、米国によるベトナム侵略戦争に反対する連帯のたたかいが、日本でも大きく燃え広がりました。私自身も、デモや集会に参加し、「自由ベトナム行進曲」を歌ったことを、胸を熱くして思い出します。

今日は、「東アジアの平和構築をめざして」と題して、いかにして東アジアを戦争の心配のない平和な地域にしていくかについての日本共産党の立場をお話しさせていただきたいと思います。どうか最後までよろしくお願いいたします。

半世紀以上におよぶ両党の友好と連帯の歴史

若い友人のみなさん。まず日本共産党とベトナム共産党の伝統的な友好と連帯の関係について、お話ししたいと思います。

日本共産党は1922年に創立され、100年以上の歴史をもちます。ベトナム共産党との交流が本格的に始まったのは1966年にハノイで行われた両党会談でした。ベトナム共産党とベトナム国民が、民族解放と南北統一のために苦難に満ちた抗米救国闘争を行っていた時期です。

宮本顕治書記長を団長とする日本共産党代表団は、レ・ズアン第一書記を団長とするベトナム労働党代表団と、5日間のべ30時間の会談を行いました。両党間に堅固な一致点があることが確認され、ベトナム人民支援の国際統一戦線の結成を求める共同コミュニケに調印しました。

会談中には、ホー・チ・ミン主席も会議室に入ってくることがありました。ホー・チ・ミン主席は統一戦線についての私たちの立場にまったく賛成だとしたうえで、当時ベトナムが受けていた国際援助について、「こういう援助だ」と、掌（手のひら）をパッと広げてその問題点を表現しました。そして、「われわれが求めているのは、こういう援助だ」とホー主席は掌をぐっとにぎりました。バラバラでまとまっていない国際支援ではなくて、世界の友人や進歩勢力の団結したとりくみこそ必要だという意味でした。こうして両党は、自主独立と団結という重要な原則的立場を共有していることを確認し、本格的な交流と連帯が開始されることになりました。

もう一つ、エピソードを紹介します。実は、1966年の両党会談は中国語の二重通訳を介して行われました。当時は日本側にベトナム語が話せる同志がおらず、ベトナム側にも日本語で通訳できる同志がいなかったためです。宮本書記長とホー・チ・ミン主席の会談で、協力しあって通訳を養成することで合意し、その後、ハノイと東京にそれぞれ留学生が送られました。この学院には日本語を勉強されている学生が180人いるとうかがいましたが、いまで

外交学院で学生たちを前に講演する志位委員長（奥右から2人目）＝2023年12月25日、ハノイ（面川誠撮影）

は日本語とベトナム語の通訳は双方にたくさんいます。その起源がこの両党会談にあったことをお伝えしたいと思います。

今年（2023年）は、日本とベトナムの外交関係樹立50周年の年であり、私たちも両国関係、両国民の関係の発展を支持し、50周年を祝っています。同時に、その以前の時期から、私たち日本共産党と日本の進歩的な市民が、独立と自由のためにたたかうベトナム人民と心の通う友情と連帯を育んできたことを、若いみなさんに知っていただけたらうれしいです。

私は、こうした両党の伝統的な友好と連帯の関係が、21世紀に、若い世代へと引き継がれ、さらに大きく発展することを、強く願ってやみません。

東南アジアでの「平和の激動」と「ASEANインド太平洋構想」（AOIP）

若い友人のみなさん。私たちの今回の東南アジア訪問は、東南アジア諸国連合――ASEANによる平和の地域協力のとりくみを生きた形でつかみ、ASEANとの新たな協力と連携の強化を探求することを目的とした訪問です。

私たちは、ここに来る前に、インドネシアとラオスを訪問してきましたが、ベトナムはASEANのなかで重要な位置を占めている国であり、ベトナムの同志たちとこの問題で突っ込んだ意見交換ができればと願っています。

私自身は、東南アジアを何度も訪問してきましたが、訪問するたびに、この地域で「平和の激動」ともいうべき巨大な変化が起こっていることに、目を開かされる思いを繰り返し経験してきました。

ＡＳＥＡＮは、１９７６年、紛争を平和的な話し合いで解決することを義務づけた東南アジア友好協力条約（ＴＡＣ）を締結し、域内で年１０００回を超える会合――現在では年１５００回もの会合を開くなど、徹底した粘り強い対話の努力を積み重ね、この地域を「分断と敵対」から「平和と協力」の地域へと劇的に変化させてきました。

日本で活動する私たちがとくに心強く感じているのは、ＡＳＥＡＮが、こうした平和の地域協力の流れを、域外の諸国に広げるために一貫して努力をはかっていることです。なかでも、ＡＳＥＡＮ10カ国と、日本、中国、米国など8カ国によって構成される東アジアサミット（ＥＡＳ）が、毎年首脳会談を開催し、この地域の平和の枠組みとして発展していることは、重要な意義をもつものです。

その最新の到達点として私たちが注目してきたのが、２０１９年のＡＳＥＡＮ首脳会談で採択された「ＡＳＥＡＮインド太平洋構想（ＡＯＩＰ）」です。ＡＯＩＰは私たちの理解としては次の諸要素からなっています。

――対抗でなく対話と協力の潮流を強化する。

――どの国も排除せず、包摂的な枠組みを追求する。

――大国の関与を歓迎し、積極面を広げるが、どちらの側にもつかない。

――ＡＳＥＡＮの中心性――自主独立と団結を貫く。

――新たな枠組みをつくるのでなく、東アジアサミットなど既存の枠組みを強化・発展させる。

――東南アジア友好協力条約（ＴＡＣ）を規範として重視し、ゆくゆくは東アジア規模に広げていく。

たいへん理にかなった構想です。

日本共産党は、ＡＯＩＰに全面的に賛同し、その成功のためにあらゆる知恵と力をつくすことを表明するものです。

ＡＯＩＰの成功のために――日本共産党としてのとりくみ

若い友人のみなさん。ＡＯＩＰの成功のために、日本共産党として何ができるか。この構想を成功させるためには、政府と政府の間の話し合いが重要であることは論をまちませんが、同時に、市民社会、政党の役割が重要だと考えます。私たち日本共産党のとりくみを紹介させていただきたいと思います。

日本共産党は2022年1月、東アジアに平和をつくる「外交ビジョン」を提唱し、その実現のために内外で力をつくしてきました。いま日本政府がやるべきは、破局的な戦争につながる軍事的対応の強化ではなく、ＡＳＥＡＮ諸国と手を携え、ＡＯＩＰの実現を共通の目標にすえ、すでにつくられている東アジアサミットを活用・発展させて、東アジアを戦争の心配のない地域にしていくための憲法9条を生かした平和外交にこそある――これが日本共産党が提唱してきた「外交ビジョン」です。

ASEANではすでに〝対話の習慣〟が当たり前になっていますが、これを北東アジアを含む東アジア全体に広げたい。これが私たちの強い願いです。

私は、国会の場で、岸田首相に、AOIPの実現をはじめ、ASEANと協力した平和外交を進めることを求めてきました。岸田首相は、「AOIPを強く支持している」と答弁しました。ならば、真剣にその推進に力をつくせと、私たちは求めています。

日本共産党は2023年3月、対話によって日本と中国の両国関係を前向きに打開する「提言」を発表し、日中両国政府に対して働きかけてきましたが、この「提言」のなかで、私たちは、東アジアの平和の枠組みとして、ASEANが提唱しているAOIPを日中両国が共同して推進することを訴えています。私たちの「提言」に対して、日本政府、中国政府の双方から、肯定的な受け止めが返ってきました。ならば、日中両国は、ASEANと緊密に協力して、AOIPを成功させるための真剣なとりくみを行うべきです。

日本共産党は、アジアの政党の国際フォーラムの場でも、AOIPの推進を訴えてきました。アジア政党国際会議（ICAPP）というアジアの合法政党が一堂に会するフォーラムがあります。私は、2022年11月、トルコのイスタンブールで開催されたICAPP総会でのスピーチで、ICAPPとしてAOIPを支持し、東アジアの平和創出にとりくむことを訴えました。全会一致で採択されたイスタンブール宣言には、「ブロック政治を回避し、競争より協力を重視する」と明記されました。ＡＯＩＰの方向が、アジアの合法政党の総意として確認されたことは、重要な意義をもつと考えます。

若い友人のみなさん。ＡＯＩＰを成功させ、東アジア地域の全体を、戦争の心配のない平和な地域にしていくために、協力と連携を強めようではありませんか。

世界の構造変化が生きた力を発揮――平和と社会進歩のために手を携え前にすすもう

若い友人のみなさん。最後に世界に広く目を向けてみたいと思います。

ＡＳＥＡＮが、世界平和の一大源泉として、大きなパワーを発揮し、米国も、中国も、日本も、ＡＳＥＡＮとの協力を望んでいるのはどうしてか。その根底には、20世紀に進行した世界の構造変化があると考えます。

20世紀初頭には全世界を覆っていた植民地体制が、第2次世界大戦後、音を立てて崩壊し、１００を超える国ぐにが新たに政治的独立をかちとって主権国家になりました。こうした世界の構造変化は、21世紀の今日、平和と社会進歩を促進する大きな力を発揮しています。一握りの大国が世界政治を思いのままに動かしていた時代は終わり、世界のすべての国ぐにが、対等・平等の資格で、世界政治の主人公になる新しい時代が開かれつつあります。

私は、ＡＳＥＡＮが発揮しているパワーの根底には、こうした世界の構造変化があると考えます。ベトナムがいち早く批准し、ＡＳＥＡＮの多くの国が参加している核兵器禁止条約の成立と発展の根底にも、こうした世界の構造変化があると考えます。

そして私が強調したいのは、ベトナム人民の闘争が、世界の構造変化を促進するうえで、世界史的貢献をしているということです。第２次世界大戦後の植民地体制の崩壊の序曲となったのは、１９４５年８月のベトナムの独立革命でした。ここベトナムから始まった植民地体制の崩壊の波が、アジアを覆い、そしてアフリカを覆いました。さらに、フランスとアメリカという二つの帝国主義に打ち勝ったベトナム人民のたたかいが、世界の平和と進歩の促進に果たした役割は、文字通り世界史的意義をもつものだと、私たちは考えています。私たち日本の平和・進歩勢力は、ベトナムの自由と独立をたたかいとったベトナム人民のたたかいに、今も強い信頼と尊敬の気持ちをもっていることを、若い友人のみなさんにお伝えしたいと思います。

今年（２０２３年）で党創立１０１周年を迎えた日本共産党のたたかいも、こうした人類の進歩に貢献するものと、私たちは確信しています。日本共産党は、かつての日本軍国主義によるアジア・太平洋に対する侵略戦争に、命がけで反対を貫いた日本で唯一の党です。戦後、日本のアメリカからの真の独立を求め続けるとともに、世界の植民地解放闘争に連帯し、ベトナムをはじめ世界の民族解放闘争に連帯してたたかってきた政党です。

日本共産党とベトナム共産党、日本とベトナムの人民は、直接の連帯だけでなく、独立と自由、尊厳と幸福、社会の進歩をめざす人類の発展の歴史の流れのなかで、強く結びつきあっているといえるのではないでしょうか。

若い友人のみなさん。この連帯の流れを、さらに大きく発展させ、戦争の心配のないアジアをつくるために、核兵器のない世界をつくるために、人類の生存を脅かしている気候危機の打開のために、そして世界の平和と社会進歩のために、ともに手を携え、前に進もうではありませんか。ご清聴ありがとうございました。

学生らの質問にこたえて

AOIP実現のために日本がASEANと協力してできることは？

質問　ＡＯＩＰ実現のために日本がＡＳＥＡＮと協力してできることはなんですか。
志位　二つあります。
一つは、日本政府は東アジアサミット（ＥＡＳ）の公式の参加国の一つです。ＥＡＳは毎年首脳会議を開催しており、合意が積み重ねられています。ＥＡＳを対話の場として、活用・強化し、発展させる仕事に日本政府はとりくむべきです。
もう一つは、北東アジアの固有の懸案の解決に積極的にとりくむことです。北東アジアには〝対話の習慣〟が不足しています。〝対話の習慣〟が当たり前になるようにしなければなりません。

そのための日本共産党のとりくみについて紹介します。

第一は、日中両国関係の前向きの打開についての外交提言です。日中両国間にはさまざまな緊張の関係、対立の関係があります。その要因は双方にありますが、対話で解決する以外にありません。今年（２０２３年）３月にそのための提言を両国政府に対して提案しました。

日中両国政府間の過去の合意をすべて検討し、外交政策を検討し、現状の打開に役立つ三つの「共通の土台」があることを見いだしました。

一つは、２００８年の「互いに脅威にならない」という日中首脳間の合意です。

二つは、２０１４年の尖閣問題など東シナ海の緊張状態を「対話と協議」で解決するという合意です。

三つは、東アジアの多国間の枠組みについて、両国政府がＡＯＩＰを支持しているということです。

これらの三つの「共通の土台」を足掛かりに外交にとりくみ、友好関係を築くべきだと提言しました。これらの内容は、日中双方に受け入れ可能で、かつ真剣に実行するならば実効性のあるものにしました。それはＡＳＥＡＮから学んだものです。日中両国政府から肯定的な受け止めが返ってきました。日中両国政府、両国間の対話のプロセスを時間がかかっても前に進めるように促していきたいと考えています。

第二に、北東アジアには、朝鮮戦争が終わっていないという問題があります。わが党は、北朝鮮の弾道ミサイル発射などに厳しく反対しています。同時に、朝鮮半島問題の解決の方法は対話しかありません。日本にとって手がかりになるのは、２００２年の日朝平壌宣言です。核、ミサイル、拉致、過去の清算をふくめ、包括的な解決をはかっていくという内容です。この宣言に基づいて、日本と北朝鮮との対話のルートを確立すべきだということを強く主張しています。

第三に、北東アジアの固有の問題として、歴史問題があります。日本が過去に侵略戦争、植民地支配をしたにもかかわらず、その反省が欠如しているという問題です。これが北東アジア地域の友好関係をつくるうえでの障害となっています。日本政府が歴史に真摯《しんし》に向き合うことを日本共産党は強く求めています。

日本は、東アジアの平和構築のために二重の努力を払うべきです。ＡＳＥＡＮとともにＥＡＳを発展させＡＯＩＰを成功させるための努力を続けながら、北東アジアに固有の諸懸案を外交によって解決する——この両面で〝対話の習慣〟をつくっていく努力を払うことが必要です。東南アジアで発展している〝対話の習慣〟を北東アジアに広げたい。これが私たちの強い願いです。

この地域（南シナ海）の摩擦を解消するためにできることは？

質問　この地域（南シナ海）の摩擦を解消するためにできることはなんですか。

志位　わが党は、南シナ海における力ずくで現状を変える動きに反対です。この問題は、国連憲章、UNCLOS（国連海洋法条約）、DOC（南シナ海行動宣言）のルールを守って、外交的に解決されるべきです。いまDOCをCOC（南シナ海行動規範）にする努力が続けられています。日本共産党はこれを支持します。

東シナ海でも力ずくで現状を変える動きが起こっていますが、私たちは強く反対しています。さきほど紹介したように、日中両国間に「対話と協議」で解決するという合意があります。この問題を外交的に解決し、DOCのような規範をつくっていくことが大切だと考えます。

前回のベトナム訪問時と比べて、その後の日越関係の発展をどうみているか？

質問　5年前のベトナム訪問時と比べて、日越関係の発展をどうみていますか。

志位　ベトナムのトゥオン国家主席が来日し、日本との間で包括的戦略的パートナーシップが結ばれたことを、私たちは歓迎しています。日本共産党は、野党であり、現在の政権党と厳しく対立していますが、日越の友好関係が発展することは歓迎です。日本とベトナム両党関係の発展が、両国関係の発展をより豊かにすることに貢献するものとなることを願っています。

なぜASEANで対話の文化が広がったか？

質問　ASEANは対話の文化の象徴です。そうなった理由をどう考えていますか。

志位　ＡＳＥＡＮは対話の文化の象徴だといわれました。なぜＡＳＥＡＮに対話の文化がこれだけ広がったか。ここに来る前にインドネシアを訪問し、ハッサン・ウィラユダ元外相と懇談する機会がありました。ハッサン氏に〝対話の習慣〟がなぜＡＳＥＡＮに広がったのかをきくと、それは「多様性の産物」だという答えが返ってきました。ＡＳＥＡＮは実に多様性に富んだ地域です。経済発展、民族、宗教、社会体制など、多様性がある。多様だからこそ、対話が必要だということでした。ここにＡＳＥＡＮの成功の秘訣《ひけつ》があるように思います。

（「しんぶん赤旗」２０２３年12月27日付）

社会主義・共産主義の魅力
志位委員長が大いに語る

「人間の自由」花開く社会

社会主義・共産主義の最大の特質は「人間の自由」にある――。こう打ち出した日本共産党第29回党大会（2024年1月15～18日）の決議案が注目を集めています。なぜそう言えるのか。志位和夫委員長に、日本民主青年同盟（民青）の中山歩美さん（副委員長）と小山森也さん（埼玉県委員長）が、ズバリ聞きました。

中山　民青大会（２０２３年11月）であいさつしていただき、ありがとうございました。
志位　みなさん元気いっぱいで、沸きに沸いていましたね。
中山　２年連続で同盟員の拡大目標達成という歴史的な大会になりました。
小山　志位さんがあいさつで、社会主義・共産主義社会と「人間の自由」について話され、こんなにも豊かな内容なんだと、すごく共感しました。
志位　社会主義というと「自由がない」というイメージが強いと思うんですよね。でも、マルクス、エンゲルスが明らかにし、私たちの綱領に明記している未来社会――社会主義・共産主義社会の特徴は、それとは正反対のものなんです。

大会決議案ではこう書いています。

「わが党綱領が明らかにしている社会主義・共産主義の社会は、資本主義社会がかかえる諸矛盾を乗り越え、『人間の自由』があらゆる意味で豊かに保障され開花する社会である。『人間の自由』こそ社会主義・共産主義の目的であり、最大の特質である」

そのうえで、三つの角度から「人間の自由」が花開く未来社会の魅力を提起しました。①「利潤第一主義」からの自由、②「人間の自由で全面的な発展」、③発達した資本主義国での社会変革は「人間の自由」でも計り知れない豊かな可能性を持つ――です。民青大会では〝21世紀の日本共産党の「自由宣言」〟とも呼ぶべき文書だと話しました。
中山　「自由宣言」っていいですね。わくわくします。
小山　志位さんはいまの〝資本主義社会がかかえる諸矛盾〟を具体的にどうみていますか。

志位　とりわけ深刻だとみている問題が二つあります。一つは、新型コロナ・パンデミックを経て、空前の規模で格差拡大が進んでいることです。もう一つは、グテレス国連事務総長が「地球沸騰化の時代が到来した」と語った気候危機の深刻化です。この二つは、「資本主義というシステムをこのまま続けていいのか」を問う大問題になっています。

資本主義の「システム・チェンジ」模索

深刻化する格差拡大・気候危機

志位　格差拡大では、フランスの経済学者トマ・ピケティ氏が設立した「世界不平等研究所」が２０２１年12月に発表した調査が、すごい数字を明らかにしています。19年から21年にかけて、世界で２７５０人前後の「超富裕層」が資産を４００兆円以上も増やす一方で、新たに1億人が極度の貧困状態に陥った。上位１％に世界全体の資産の38％が集中し、下位50％の資産は２％にすぎない。これほどまでに格差が広がった社会を人類は許容できるのか。このことが問われています。

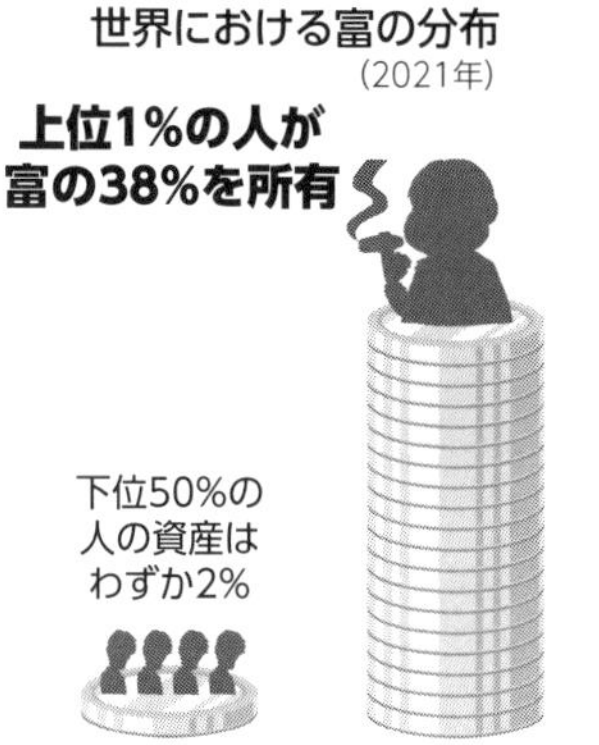

世界不平等研究所「世界不平等レポート2022」から作成

気候危機でいうと、世界気象機関（ＷＭＯ）が、

2023年は観測史上最も暑い年になるという見通しを出しました。世界各地で豪雨、台風、山林火災、干ばつ、猛暑、海面上昇が大きな被害を出しています。国内でも、高温障害で米が白濁して品質が悪化し、漁業でも海水温が上がりサケやサンマが大不漁です。

こうしたもとで、若い人の中で資本主義の「システム・チェンジ」を模索する動きが起きています。22年秋に米国・英国・カナダ・オーストラリアで世論調査をしたら、「社会主義は理想的な経済体制か」という設問に18～34歳では4カ国の全てで「同意」が「不同意」を上回りました。

小山　すごい。

志位　1990年前後の東欧・旧ソ連崩壊の時期には「もう社会主義は終わった」といわれたものですが、今では「もう資本主義は限界ではないか」といわれ、「社会主義の復権」ともいうべき状況が生まれています。

中山　すごい変化が世界で起きているんですね。

「利潤第一主義」からの自由
――「人間の自由」は飛躍的に豊かなものになる

中山　大会決議案は、第一の角度に「利潤第一主義」からの自由をあげています。これは、どういう意味でしょうか。

志位　資本主義のもとで生産は何のために行われるでしょうか。資本主義のもとでの生産の目的・動機は、すべて個々の資本のもうけ――利潤をひたすら増やすことに置かれています。このことを私たちは「利潤第一主義」と呼んでいます。

「利潤第一主義」に突き動かされて、資本は人間の労働から最大のもうけを搾り出そうとします。そこから長時間労働、「使い捨て」労働、貧困と格差の拡大が起こってきます。

「利潤第一主義」に突き動かされて、資本は、もうけのためなら地球環境はお構いなし、「あとは野となれ山となれ」とばかりに、「大量生産・大量消費・大量廃棄」に突き進む。その最悪のあらわれが気候危機です。

「利潤第一主義」に突き動かされて、資本は、「生産のための生産」に猪突《ちょとつ》猛進し、高度な生産力をつくりだしますが、同時に、働く人を搾り上げ、貧困化をすすめ、さまざまな害悪をつくりだします。マルクスは、ここに資本主義というシステムのもつ深い矛盾をとらえたのです。

気候危機打開と脱原発をテーマに行われたイベントで「ワタシのミライは再エネ100パー」などとコールしてパレードする人たち＝2023年9月18日、東京都渋谷区

資本に独占されている生産手段を社会に移す

小山　「利潤第一主義」という病をどうやったら取り除けるのですか。

志位　「利潤第一主義」がどうして生まれるか。資本主義社会では、生産手段——工場や機械、土地といった生産に必要なものを資本が握っています。そのことから資本はこれを最大限に使って、自分の利潤を最大にしようとします。「利潤第一主義」は、生産手段を資本が独り占めしているところから生まれるのです。

それでは、生産手段を資本の手から社会全体の手に移せばどうなるか。生産の目的が、がらりと変わってきます。個々の資本の利潤の最大化から、社会と人間の発展へと、生産の目的が百八十度変わってくる。これを私たちは「生産手段の社会化」と呼び、社会主義・共産主義への変革の中心に位置づけているんです。

社会主義・共産主義は資本主義批判こそ原点

中山　もう一つ、聞きたいのは、大会決議案が、なぜ「利潤第一主義」からの自由を、「第一の角度」に位置付けたのかということです。

志位　ズバリ言えば、資本主義批判こそが、社会主義・共産主義の原点だからです。国民のみなさんと対話する場合、まず格差拡大、気候危機など、資本主義のもとで現に深刻化している矛盾から話は始まりますよね。つまり資本主義批判から始まる。資本主義批判＝「利潤第一主義」から自由になることを「第一の角度」にズバッと据えることで、今の資本主義に矛盾を感じている若者、国民の気持ちにかみ合う形で、私たちが追求する未来社会像とつながるチャンネルができるのではないかと考えました。

「利潤第一主義」から自由になることで、「人間の自由」は飛躍的に豊かなものになります。搾取や抑圧から自由になる。貧困や格差から自由になる。「使い捨て」労働や長時間労働から自由になる。恐慌や不況から自由になる。環境破壊から自由になる。「利潤第一主義」から自由になったとしても、人間が生きていくためには労働は必要です。ただ、生産者は、自分自身の生産手段で自覚的に働くようになるわけですから、労働のあり方は一変し、人間的で働きがいのあるものとなるでしょう。

中山　「第一の角度」だけでも、ものすごく展望が開けますね。

マルクス、エンゲルスは「人間の自由」どう論じた

小山　マルクス、エンゲルスは、この問題をどのように論じていたのでしょうか。

志位　ここで紹介したいのは、マルクスが口述して作成された「フランス労働党の綱領前文」という文書です。1879年に、フランスで全国労働者大会が開かれて、激しい論争の末、ジュール・ゲードという人を中心とするマルクス派の社会主義勢力が勝利をおさめ、フランス労働党の結党が決議されます。

その時に、ゲードらは、マルクス、エンゲルスに党綱領をつくる上での援助を申し入れます。

1880年5月に、ゲードがマルクス、エンゲルスの住むロンドンにやってきて、エンゲルスの家でマルクスと会い、綱領草案作りの作業をしました。作業といっても、マルクスがエンゲルスの目の前でゲードに口述筆記させたのです。ここでとても注目すべきは、「人間の自由」をキーワードにして、マルクスが社会主義を論じていることです。ちょっと読み上げてみますね。**（別項1）**

別項1　「フランス労働党の綱領前文」

（マルクス、1880年）から

「生産者は生産手段を所有する場合にはじめて、自由でありうること、

生産手段が生産者に所属することのできる形態は、次の二つしかないこと、

一、個人的形態——この形態は普遍的な現象であったことは一度もなく、また工業の進歩によってますます排除されつつある、

二、集団的形態——この形態の物質的および知的な諸要素は、資本主義社会そのものの発展によってつくりだされてゆく、

……

フランスの社会主義的労働者は、経済の部面ではすべての生産手段を集団に返還させることを目標として努力する」

ここでマルクスは、「生産者は生産手段を所有する場合にはじめて、自由でありうる」と言っているでしょう。

中山　「自由」という言葉で特徴づけていますね。

志位　そう。生産者が、生産手段と切り離されて、他人の生産手段のもとで労働させられる

と、他人の指揮のもとで働かされることになり、その成果も他人の物になってしまう。そこでは必ず搾取と抑圧ということが起こります。つまり「自由」ではありえない。ここから出発して、マルクスは、驚くようなシンプルな論理で、「生産手段を集団に返還させる」＝「生産手段の社会化」を導きだしています。

中山　なるほど。

志位　どうやったら自由になれるかといえば、生産者自身が生産手段を持つ場合に初めて自由になれる。その場合に方法は二つしかありません。

カール・マルクス（1818～83年）

フリードリヒ・エンゲルス（1820～95年）

一つは、個人で小さな生産手段を持つことです。たとえば自分の小さな土地で耕作する農民や、自分のわずかな用具で物をつくる職人などの小経営です。しかし、これは資本主義の発展のもとで「ますます排除され」ていくことになります。

もう一つは、集団で生産手段を持つことです。この形態の「物質的および知的な諸要素」は、資本主義そのものの発展のもとでつくりだされていきます。

こうして「自由」をキーワードにして、「生産手段の社会化」という社会主義的変革の内容を、わずか数行の論立てで一気に導きだしている。

小山　目からうろこのような論ですね。（笑い）

中山　やっぱりマルクスは達人ですね。（笑い）

志位　そうですね。自由を得るためには生産手段を持つことが必要だが、一人では持てないから、みんなで持とうというのが「生産手段の社会化」だと。達人だからこそ一番のポイントを短くいうことができたと思います。

1880年というとマルクスの最晩年です。彼が探求してきた未来社会の姿も成熟した段階です。そういう時期のマルクスが、未来社会への変革を「自由」というキーワードと一体に論じたことは、深い意味をもっていると、私は思います。ここで言われている「自由」とは、まずは搾取からの自由、抑圧からの自由を意味していると思いますが、それにとどまらず、この後説明する「人間の自由で全面的な発展」につながる自由も含まれているように思います。

「人間の自由で全面的な発展」
――真の自由の輝きはここにある

中山　大会決議案がのべている第二の角度は、「人間の自由で全面的な発展」です。志位さんは、民青大会でのあいさつで、ここでの「自由」という言葉の意味は、第一の角度の「自由」とは違った意味だと言われました。

志位　はい。第一の角度で使った「自由」は、他者からの害悪――「利潤第一主義」の害悪を受けない「自由」です。そういう意味では消極的な自由ともいえます。第二の角度での「自由」は、自分の意思を自由に表現することができるという意味での「自由」です。そういう意味では積極的な自由ともいえると思います。

そして大会決議案が強調しているのは、未来社会――社会主義・共産主義社会における「自由」は、「利潤第一主義」からの自由にとどまるものではない。「利潤第一主義」からの自由を獲得しただけでも、「人間の自由」は豊かに広がるわけですが、未来社会における真の自由の輝きは、実は、その先にある。すなわち「人間の自由で全面的な発展」のなかにこそあるということなんです。

小山　「利潤第一主義」からの自由だけでも魅力たっぷりですが、本当の魅力はその先にあると。

志位　そうです。まだまだ先がありますよ、という組み立てになっています。

各人の自由な発展が万人の自由な発展の条件である社会

小山　「人間の自由で全面的な発展」とはどういうことか。さらにお話しください。

志位　エンゲルスは、その最晩年の1894年に、イタリアの社会主義者のジュゼッペ・

カネパという人から手紙をもらいます。カネパは、来たるべき社会主義社会の基本理念を簡潔に表現するスローガンを教えてくださいという質問をしました。

この手紙への返事で、エンゲルスが一言でいうのは難しいといいつつ紹介したのは、マルクス、エンゲルスが、1848年に書いた有名な著作『共産党宣言』のなかの次の一節でした。

「各人の自由な発展が万人の自由な発展の条件であるような一つの結合社会」

中山　「各人の自由な発展」という言葉が出てきますね。

志位　はい。これはどういう意味かといいますと、人間は誰でも自分の中に素晴らしい可能性を持っています。ある人は科学者になる可能性を持っている。ある人は芸術家になる可能性を持っている。ある人はモノづくりの可能性を持っている。ある人はアスリートになる可能性を持っている。人間は誰でも自分の中にたくさんの素晴らしい可能性を持っている。それが科学的社会主義の人間観なんです。

ところが資本主義のもとでは、そういう素晴らしい可能性を持っていながら、それを実現できる人、のびのびと可能性を生かしている人は一部に限られています。素晴らしい可能性を持っていながら埋もれたままになってしまっている場合が少なくない。マルクスとエンゲルスは、これを変えたいと思ったんですね。

「各人が自由に発展」できる社会をどうやったらつくることができるか。これは二人が、若いときから亡くなるまで一貫して社会主義・共産主義に求め続けたことでした。

最初は「分業廃止」提唱

志位　二人が最初に出した答えは、「社会から分業をなくせばいい」というものでした。たとえば当時、産業革命によって機械制大工業が発展するもとで、労働者は機械による生産の一部分に縛り付けられて、生涯働かされている。こうした分業こそが「悪の根源」であり、それをなくせば人間が自由に発展する社会をつくることができる。マルクス、エンゲルスはそのように考えました。

マルクス、エンゲルスが初期の時期に書いた『ドイツ・イデオロギー』という労作があります。1845～46年に書いたもので、生まれたてホヤホヤの科学的社会主義のいろいろな要素が出てきますが、その中では「分業の廃止」という構想が書かれています。その部分を紹介します。（**別項2**）

とても牧歌的な構想ですが、分業をなくせばみんなが自由に発展できるようになる

別項2　「ドイツ・イデオロギー」

（マルクス、エンゲルス、1845～46年）から

「各人が活動の排他的な領域（分業のことです――引用者）をもつのではなく、むしろそれぞれの任意の部門で自分を発達させることができる共産主義社会においては、社会が全般的生産を規制し、そして、まさにそのことによって私は、今日はこれをし、明日はあれをするということができるようになり、狩人、漁師、牧人、あるいは批判家になることなしに、私がまさに好きなように、朝には狩りをし、午後には釣りをし、夕方には牧畜を営み、そして食後には批判（哲学のこと――同前）をするということができるようになる」

と考えたのです。これは、二人が最初の時期から、人間の自由で全面的な発展を共産主義の根本的内容として追求していたことを示すものだと思います。

『ドイツ・イデオロギー』では、共産主義社会について、「個人個人の独自（オリジナル）な自由な発展がけっして空文句でない唯一の社会」という特徴づけも行っています。

中山　『共産党宣言』の「各人の自由な発展が…」につながるものですね。

志位　『共産党宣言』では、「各人の自由な発展が…」の一節が、第2章の終わりに突然現れますが、そのもとになる考えは『ドイツ・イデオロギー』ですでにのべられていたんですね。

最終的に得た解決策は労働時間の抜本的短縮

小山　でも分業をなくすことはできませんね。

志位　そうですね。社会全体から分業をなくすことはありえません。どんなに社会が発展したとしても分業は必要であり、社会全体から分業をなくしてしまったら、社会が成り立たなくなりますね。

マルクス、エンゲルスは、「分業の廃止」は現実ではありえないし、解決の道ではないと気づき、この考え方を乗り越えていきます。彼らが最終的に得た結論は、「労働時間を抜本的に短くする」というものでした。社会主義・共産主義の社会は、「労働時間の抜本的短縮」を可能にする。そこにこそ、「人間の自由で全面的な発展」の保障がある。この結論は、『資本論』のなかにはっきりと書き記されました。

中山　『資本論』のなかでの未来社会論をお話しください。

志位　その叙述は、『資本論』三部第七篇第四八章「三位一体的定式」のなかに出てきます。この部分は、マルクスが残した草稿をエンゲルスが編集したものですが、びっしりと書かれた、見出しもない、段落すらない文書のなかに、突然出てくる。それを不破哲三さんが研究を進める中で、マルクスの社会主義・共産主義論の一番の核心部分をのべている叙述だと光をあててきたものです。新版『資本論』では、エンゲルスの編集についての研究にもとづき、この部分は第四八章「三位一体的定式」の冒頭に移されています。

詳しくは、『資本論』そのものと不破さんの研究にあたっていただければと思うのですが、マルクスは『資本論』のこの叙述のなかで、人間の生活時間を二つの領域――二つの「国」――「必然性の国」と「真の自由の国」に分けています。「国」といっても何かの地域のことではありません。人間の生活時間を、「必然性の国」と「真の自由の国」という独特の概念に分けて、のべているわけです。

「必然性の国」とは、物質的生産のための労働時間――自分自身とその家族、社会全体の生活を維持するため、どうしても必要で余儀なくされる労働に費やす時間です。どうしても必要で余儀なくされる労働ですから、本当に自由な人間活動とは言えません。そこで「必然性の国」とマルクスは呼んだのです。

もう一つは、それ以外の何に使ってもよい、人間がまったく自由に使える時間です。自分と社会にとっての義務から解放され、完全に自分が時間の主人公となる時間。人間が自分の力をのびのびと自由に伸ばすことそのものが目的となる時間。マルクスはこれを「真の自由の国」と呼びました。それはどこにあるのかと言いますと、「必然性の国」を乗り越えた先にある。

この叙述のなかでマルクスは、社会主義・共産主義社会に進むことは、「必然性の国」においても、自然との物質代謝が合理的に規制され、労働の性格も合理的で人間的なものに大きく変化するなど、「自由」の素晴らしい発展をもたらすことを明らかにしていきます。同時に、そうであっても、どうしても必要で余儀なくされる労働ですから、それは依然として「必然性の国」であること、「真の自由の国」はその先にあることを明らかにし、「真の自由の国」の飛躍的拡大のなかに社会主義・共産主義社会の何よりもの特質を見いだし、人間と社会の飛躍的発展の展望を見いだしました。この叙述は、次のたいへん印象的で簡明な言葉で結ばれています。「労働日の短縮が根本条件である」

みんなが十分な自由時間を持ち力を自由に発展させられる社会

志位　労働時間が抜本的に短縮されて、たとえば1日3〜4時間、週2〜3日の労働で、あとは自由時間（**中山**「すごい」）となったら、あなただったら何をしたいですか。

中山　下手の横好きで、フルートを吹いています。もう少しうまくなりたいです。

小山　私は旅行が好きで日本のいろんな場所に行ってみたいです。

志位　フルートをやったらすごい才能があるかもしれない。旅行を積み重ねたら新しいものが見つかるかもしれない。みんなが十分な自由時間をもち、自分のなかに眠っている力を存分に発展させることができるようになったら、社会全体の素晴らしい発展につながっていきますね。「万人の自由な発展」につながる。それが労働時間をますます短くし、人間の発展と社会の発展の好循環が生まれてくる。マルクスはこういう大展望を明らかにしていったんですね。

中山　なるほど。わくわくします。

志位　ところで、この人間の生活時間の二つの領域――「国」で、分業はどうなるでしょうか。「必然性の国」では、分業は避けられません。人間が生きていくためにどうしても必要なものをつくらなくてはならないからです。ところが、「自由の国」は、もともと必要で余儀なくされる労働ではなく、一人ひとりの人間の自由な活動ですから、そこには分業はありません。ですから『ドイツ・イデオロギー』でマルクス、エンゲルスがのべた「分業の廃止」という構想を、『資本論』では発展的に生か

（左から）志位和夫委員長、中山歩美さん、小山森也さん

し、未来社会論を仕上げていったということも言えるのではないでしょうか。

中山　なるほど。

小山　マルクスの問題意識の中に、つねに人間の自由があったということですね。

志位　そうですね。人間の自由、人間の解放こそが、マルクス、エンゲルスが一貫して追求したことなんです。

「利潤第一主義」からの自由は「人間の自由で全面的な発展」の条件

小山　すべての人間が自由な発展をできるようになる条件は、労働時間の抜本的短縮ということでしたが、社会主義・共産主義の社会では、どうしてそれができるようになるのですか。

志位　労働時間の抜本的短縮がなぜ可能になるのか。大まかに言って二つあります。

第一に、「利潤第一主義」からの自由――「生産手段の社会化」を実現すると、人間による人間の搾取がなくなり、社会のすべての構成員が平等に生産活動に参加するようになります。その結果、1人当たりの労働時間が大幅に短くなる。さきほど紹介した「必然性の国」を小さくし、「真の自由の国」を大きくすることになります。

第二は、「利潤第一主義」から自由になると、資本主義に固有の浪費をなくす道が開かれるということです。資本主義は一見、効率的に見えますが、これほど浪費的な社会はありません。資本主義のもとでは、恐慌、不況が繰り返され、なくなることはありません。いったん恐慌になったら、一方で、街に労働者が放り出され、他方で、工場の機械は止まっている。まさに社会的規模での浪費そのものです。さらに、「利潤第一主義」に突き動かされて、「大量生産・大量消費・大量廃棄」が起こることも、浪費の深刻なあらわれです。その最も重大な帰結が、いま私たちが目にしている気候危機です。これらの浪費がなくなれば、労働時間はうんと短くなり、「真の自由の国」はさらに大きくなる。

中山　大会決議案でのべている第一の角度と、第二の角度は、つながっているんですね。

志位　そうです。第一の角度――「利潤第一主義」からの自由を得ることは、第二の角度――「人間の自由で全面的な発展」の条件になってくる。そして第一の角度にとどまらず、第二の角度その先の第二の角度までいったところに、私たちのめざす未来社会の真の輝きがある。そういう論の組み立てになっています。

中山　一歩、さらに一歩と、「人間の自由」が広がっていくという論になっているんですね。すごく面白いです。

発達した資本主義国での社会変革
――「人間の自由」でも計り知れない豊かな可能性

中山　いよいよ第三の角度です。

志位　日本における社会変革の事業は、発達した資本主義国での社会変革となります。そのことは、「人間の自由」という点でも計り知れない豊かな可能性を持つ、というのが三つ目の角度です。発達した資本主義国から社会主義に踏み出した経験は、人類はまだ誰も持っていませんね。

小山　そうですね。

志位　人類未踏の事業なのですが、日本共産党は4年前（2020年）の大会で綱領を一部改定し、その壮大な展望を明らかにしました。

資本主義で発展した五つの要素を土台に

志位　改定綱領では、資本主義の発展のもとで、つぎの五つの要素が豊かな形でつくりだされるとしています。第一は、高度な生産力。第二は、経済を社会的に規制・管理する仕組み。第三は、国民の生活と権利を守るルール。第四は、自由と民主主義の諸制度と国民のたたかいの歴史的な経験。第五は、人間の豊かな個性です。

この日本で考えてみても、いろいろな弱点やゆがみもありますが、これらの要素がつくりだされてきています。これらの五つの要素を、すべて受け継いで、発展させ、開花させる――これが発達した資本主義国における社会主義・共産主義の展望になります。豊かな到達点を土台にして先に進むわけですから、「人間の自由」という点でも、計り知れない豊かな可能性をもつことになる。これが私たちの展望なんです。

中山　うん、うん。

志位　4年前の綱領一部改定で「発達した資本主義国での社会変革は、社会主義・共産主義への大道である」と明記しました。これはロシア革命以降の歴史的経験をふまえたものであるとともに、資本主義の発展のなかで未来社会にすすむ諸要素が豊かな形でつくりだされるという理論的な展望を踏まえたものなんです。

旧ソ連や中国のようにならない保障はどこに

小山　青年との対話では、旧ソ連や中国のような自由がない社会にならないか心配する声が出ます。

志位　それは心配ご無用ですよ。絶対にそうならない二つの保障があります。

第一の保障は、日本共産党綱領での公約です。私たちの綱領は、「社会主義・共産主義の日本では、民主主義と自由の成果をはじめ、資本主義時代の価値ある成果のすべてが、受けつがれ、いっそう発展させられる」と明記しています。「さまざまな思想・信条の自由、反対政党を含む政治活動の自由は厳格に保障される」として、一党制はとらない、特定の世界観を国民に押しつけることは絶対にしないと約束しています。

第二の保障は、日本での社会主義・共産主義をめざす事業は、発達した資本主義国を土台にして社会変革をすすめるという事実のなかにあります。1917年のロシア革命、1949年の中国革命との条件の違いを考えてみてください。両方とも、資本主義の発達が遅れた国から革命が出発しました。

中山　さきほどの五つの要素がないところから始まったと。

志位　そうです。五つの要素がないか、弱いところから出発しました。そういう出発点の歴史的遅れに加えて指導者の誤りがあり、いろいろな問題が引き起こされました。

１９１７年のロシア革命の前のロシアでは、ツァーリと呼ばれた皇帝が絶対権力を持ち、人民にはまったく権利が保障されていませんでした。ドゥーマと呼ばれた国会が一応あったけれど、権限はまったくありませんでした。

中国革命の場合はどうだったのか。中国では、１９１１年から12年に辛亥《しんがい》革命が起こり、中華民国という民主共和制の国になりますが、軍閥が割拠しており、日本の侵略があり、革命前の中国には議会はありませんでした。

こうしてロシア革命も中国革命も、自由、民主主義、人権、議会がないか、たいへんに未成熟なところから出発したのです。

もう一つ決定的なのは、住民の文化水準の問題でした。ロシア革命直後の住民の識字率は32％、7割は字が読めませんでした。中国革命についても革命直前の識字率は17％、8割以上は字が読めませんでした。こういう立ち遅れは、自由や民主主義をつくるうえでも大きな障害になったと思います。

ですから国の指導者は、そういう遅れを自覚して民主主義や自由の制度をつくる努力が必要でした。ところがそうした努力が十分にされず、重大な誤りも起こりました。旧ソ連の場合には、スターリンの時代に大量弾圧が行われ、一党制が固定化されました。この一党制は、中国にも輸出されて今の体制にもつながりました。出発点がまったく違うわけです。

中山　なるほどそうですね。

志位　日本の場合は、曲がりなりにも日本国憲法が施行されて七十数年間、自由、民主主義、人権の制度があって、議会制民主主義も行われてきて、いろいろと逆流もあるけれども、国民のたたかいによってこれらの制度を育ててきたわけです。これらを土台にするわけですから、自由のない社会への逆行など、起こりえない。

小山　国民のたたかいというところが大事ですね。

志位　その通りです。綱領で「自由と民主主義の諸制度と国民のたたかいの歴史的経験」(傍線・引用者)とわざわざ書いたのはそういう意味です。いまわれわれが、自由、民主主義、人権を守り、豊かにするたたかいをやって、歴史的経験を蓄積していくことが、歴史の逆転を絶対に許さない最大の保障になるのです。

中山　いまの私たちのたたかいが壮大な未来につながると考えると、とても身近だし誇りに思えます。

志位　そうですね。たとえばいま私たちは労働時間を短くしようと頑張っていますが、これも未来社会における「真の自由の国」の拡大につながっていきますよね。いまのたたかいが、いろいろな段階を経ることになりますが、未来に地続きでつながっていく。未来社会の展望がうんと語りやすくなったのではないですか。

中山　ほんとうにそう思います。

綱領改定が可能にした自由論の発展

――未来社会の魅力を大いに語ろう

小山　なぜ今、こうした未来社会論をまとまった形で提起されたのですか。

志位　今日お話ししてきたように、社会主義・共産主義社会こそ「人間の自由」が最も豊かに花開く社会だということを、青年をはじめ多くの方々に伝えることができたら、日本共産党や民青への理解がグーンと広がると考えたからです。

この間の経過で言いますと、日本共産党は残念ながら、１９８０年代、90年代以降、党勢が後退してきました。いろいろな要因がありますが、大きな客観的要因の一つとして、東欧・旧ソ連の体制崩壊などのもと、社会主義へのマイナスイメージが広がったという問題があったと思います。しかし、ここにきて、むしろ〝資本主義の方が危ういのでは？〟となっているのではないでしょうか。

小山　なっています。青年と対話すると実感します。

志位　資本主義の先の社会を考えてみようという機運が世界でも日本でも高まってきていると思います。一方、日本共産党自身も、今日お話しした三つの角度からの「人間の自由」という提起ができるようになった。２００４年、２０２０年の2回の綱領改定がこうした「自由論」の発展を可能にしました。

04年の綱領改定は、生産物の分配を基準に社会主義をとらえるという間違った読み方をただして、「生産手段の社会化」を社会主義的変革の中心にすえ、「人間の自由で全面的な発展」を未来社会論の「核」にすえた重要な改定となりました。

20年の綱領一部改定は、「発達した資本主義国での社会変革は、社会主義・共産主義への大道」という未来社会論にもう一つの「核」をくわえる改定を行い、その豊かな展望を明らかにする、これも重要な改定となったと思います。

二つの綱領改定が、大会決議案の三つの角度からの「自由論」の土台になっています。このように「自由論」を発展させているのは、世界でもおそらく日本共産党だけではないかと思います。

（左から）志位和夫委員長、中山歩美さん、小山森也さん

一方で、資本主義の限界が手にとるように見えるようになってきた客観的な情勢の変化があります。他方で、日本共産党の理論も綱領改定を経て、「自由」という問題を太く押し出せるようになり、うんと話しやすくなってきたと思います。「日本共産党」という名前を掲げている以

上、共産主義こそ自由なんだ、自由が一番輝いているんだ、と胸をはって言えるようになることが大切ですよね。今度の解明は絶対に力になると思います。

小山　すごくわくわくしました。未来社会の魅力をぜひとも語っていきたいです。

志位　大会決議案で提起した「自由論」は、マルクス、エンゲルスの探求を現代に生かすものだということも間違いなく言えると思います。大会で大会決議案が採択されれば、国民のなかに大々的に広げていきたいと考えています。

中山　日本では青年の中で、まだ社会主義が魅力的なものと映っていない面もあります。魅力が伝われば、一気にぐっと世論って広がるのかなって思います。

志位　そうですよね。資本主義が続くのは世の中の宿命だと思っている人は多いと思います。「これを変えられる」ということがわかったら、すごい希望じゃないですか。

中山　希望です。力が湧いてきました。

中山・小山　今日はありがとうございました。

志位　ありがとうございました。

（「しんぶん赤旗」日曜版 2023年12月31日・2024年1月7日新年合併号）